Habilement, Henri IV fait entrevoir
réconciliation tandis que ses
ciations avec les modérés.

Le dimanche 25 juillet 159
Saint-Denis et se convertit au ca
de la Ligue, c'est à Chartres que
roi de France le 27 février 1594.

Il ne reste qu'à prendre Paris, l Espagnols. Henri, qui ne veut pas de bain de sang, temporise et feint de s'éloigner de la ville en campant son armée à Senlis. Le vent a tourné ; les rangs des ligueurs s'amenuisent et les ralliements au Bourbon converti se multiplient. À Paris, on s'applique à endormir la vigilance du parti espagnol. Le maréchal de Cossé-Brissac, gouverneur de Paris rallié au roi, passe ainsi son temps à chasser les mouches en présence du duc de Féria, chef de la troupe espagnole… qui ne cache pas sa satisfaction d'être confronté à un simple d'esprit. Or Brissac prépare activement le plan d'occupation par l'armée royale. Dans le même temps, le prévôt des marchands, Lhuillier, fort des assurances qu'aucune taxe ni amende ne puniront la ville rebelle, peut secrètement s'attacher le concours des bourgeois.

Henri IV (1553-1610) à cheval devant Paris. © PMVP/Ladet

Paris attend son roi : le grand jour est fixé au 22 mars 1594. Ses partisans ont reçu mission de lui ouvrir, à l'aube et dans la plus grande discrétion, les portes de la ville.

22 mars 1594
1 De la porte Neuve à la porte Saint-Honoré

C'est par la porte Neuve, mitoyenne au Palais du Louvre, qu'entrera le roi. Il convient d'en investir rapidement les abords comme les principaux axes de la ville pour en assurer la sécurité.

À 4 heures, dans le plus grand silence, les bourgeois, Langlois à la Porte Saint-Denis et Lhuillier à la porte Neuve, ouvrent les portes de Paris.

Le cœur battant, une écharpe blanche pour drapeau, ils espèrent et attendent la venue du souverain. Dissimulé dans l'ombre, on s'inquiète : pourvu que les Espagnols ne remarquent rien ! L'aube pointe. Enfin, au loin, gronde le martèlement des sabots ; l'armée royale arrive.

Porte Neuve, la troupe se sépare en trois colonnes : celle de François d'Épinay-Saint-Luc contourne le Louvre au Sud en longeant le quai, puis remonte vers la Croix-du-Trahoir ; celle de Jacques de Matignon continue tout droit jusqu'au quai de l'École-Saint-Germain-

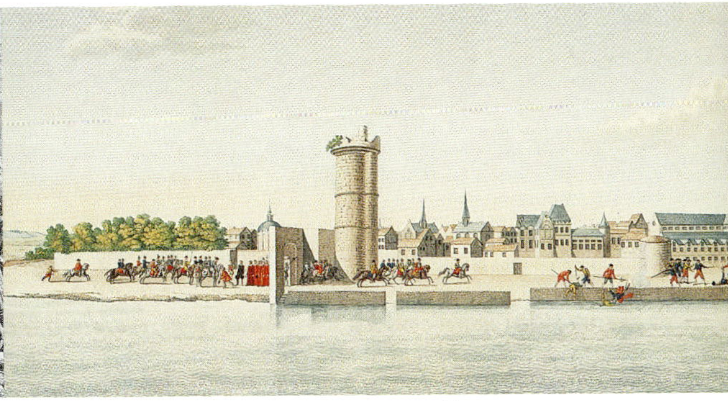

Entrée d'Henri IV à Paris par la porte Neuve. Le roi est accueilli par les Parisiens. Gravure de Beyer d'après François Gérard et estampe anonyme.
© PMVP/Toumazet et Trocaz

l'Auxerrois ; à la tête du troisième détachement, François d'O et les deux frères Gontaut-Biron occupent au nord la porte Saint-Honoré (à hauteur du 161, rue Saint-Honoré) et dirigent leurs canons vers la ville.

Pendant ce temps, l'Arsenal comme la rue Saint-Denis sont investis suivant les plans de Lhuillier et Brissac. Surpris, les Espagnols ne peuvent empêcher que le Châtelet tombe en moins d'une heure aux mains de l'armée royale qui franchit le Grand Pont et prend le contrôle du cœur même de la capitale.

Le jour s'est levé. Les Parisiens descendent en foule dans les rues et apprennent la nouvelle que les bourgeois se chargent de colporter : l'amnistie sera générale pour les ligueurs.

Henri IV chasse les soldats espagnols de Paris. © PMVP

22 mars 1594

De la porte Neuve à Notre-Dame

2

Sans casque, pour qu'on le reconnaisse, le roi s'avance. Les hommes mettent chapeau bas. Henri, ayant longé la Seine, entre par la porte Neuve, passe devant l'entrée du Louvre au guichet de Saint-Germain-l'Auxerrois, rejoint la rue Saint-Honoré.

Le peuple découvre son nouveau souverain : un soldat vole-t-il deux pains dans une boulangerie ? Le roi se fâche, fait mine d'exécuter l'indélicat sur place. Et quand un badaud lance quelque moquerie de sa fenêtre, Henri s'en amuse et interdit les représailles.

Henri IV salué par les Parisiens sur le chemin de la cathédrale. Estampe de Philippoteaux et Trichon. © PMVP/Toumazet.

Il gagne ensuite la rue des Lombards, la rue des Arcis (actuelle rue Saint-Martin), traverse le Pont Notre-Dame et met pied à terre sur le parvis, dans le vacarme des galops impétueux de l'armée royale qui, juste à ce moment, débouche devant la cathédrale. Les cloches sonnent à tout rompre.

Le duc de Féria est réduit à l'impuissance. Dans son hôtel de Sens, rue du Figuier, l'évêque de Reims (dont le roi s'est passé des services pour son sacre) vient littéralement de mourir de rage. Porte Saint-Jacques, le Comité des Seize oppose encore une résistance. Dans cinq jours, ce sera fini.

"Comment le roi alla à l'église de Notre-Dame rendre grâce solennelle à Dieu de cette admirable réduction de la ville capitale de son royaume." Escorté par ses soldats, le roi s'apprête à pénétrer dans la rue Neuve-Notre-Dame. Gravure de Jean Le Clerc. © PMVP/Ladet

Henri IV pénètre dans la nef de la cathédrale. La foule est gagnée par l'ivresse de la paix retrouvée ; depuis si longtemps, elle n'a connu que la guerre et ses souffrances. Henri le Bien-Aimé murmure : "Je vois bien que ce pauvre peuple a été tyrannisé."

Messe... *Te Deum*... Allégresse de Paris libéré.

22 mars 1594

Porte Saint-Denis

3

Henri IV a donné sa parole : les Espagnols pourront quitter la ville le jour même sans qu'il leur soit fait aucun mal. Le duc de Féria donne l'ordre des préparatifs du départ à sa garnison. L'armée royale ouvre un passage à la porte Saint-Denis (à hauteur du 248, rue Saint-Denis).

La clémence du roi Henri IV pour le peuple de Paris affamé par un long conflit : "Qu'on porte aux citoyens des paroles de paix et qu'au lieu de vengeance on parle de bienfait." Gravure dédiée à monseigneur Armand-Joseph de Béthune. © PMVP/Toumazet

Une petite centaine d'anciens ligueurs parmi les plus radicaux, catholiques désespérés et moines prêcheurs, se joignent à l'armée en retraite. Le curé de Saint-Benoît, Boucher, peut bien vitupérer ou promettre moult malédictions à l'hérétique couronné, une page est définitivement tournée.

Sous une pluie battante, les Parisiens assistent au spectacle : les ambassadeurs de Philippe II et ses trois mille soldats en armes défilent rue Saint-Denis et s'inclinent respectueusement en arrivant à la hauteur du roi.

Féria, le visage fermé, se raidit encore un peu plus quand Henri lui lance goguenard : "Recommandez-moi à votre maître. Allez-vous-en, à la bonne heure, mais n'y revenez plus !" ■

"Comment sa Majesté le même jour, étant à la porte Saint-Denis, vit sortir hors de Paris les garnisons étrangères que le roi d'Espagne y entretenait." Gravure de Jean Le Clerc. © PMVP/Ladet

1610

L'assassinat d'Henri IV

{14 mai 1610}

Le nouveau roi règne sur un pays enfin pacifié. Henri IV préfère la réconciliation aux mesures punitives, la négociation à la guerre. Le traité de Vervins met fin à la guerre avec une Espagne qui a beaucoup pâti de ses aventures contre la France et les Pays-Bas. Promulgué en 1598, l'édit de Nantes permet aux protestants d'accéder aux emplois de l'État et garantit la liberté de culte. Ce nouvel ordre suscite quelques tiraillements ; le Parlement de Paris refuse pendant deux mois d'enregistrer l'Édit avant qu'Henri IV ne place à sa tête un homme de confiance, Achille de Harlay.

Henri IV entre sa femme Marie de Médicis et son fils Louis XIII. Peinture de l'École française. © Bridgeman Art Library

Le souverain donne aussi des gages d'apaisement aux catholiques : les jésuites sont autorisés à revenir en France en 1603 et, très vite, se consacrent à leur œuvre d'enseignement.

La paix militaire, religieuse et civile étant acquise, Sully, surintendant des finances, s'attaque efficacement au redressement du Trésor royal, recourant avec discernement à l'impôt. La création du droit de la Paulette, délégué aux officiers de finances ou de justice et transmissible, assure le concours de toute une administration royale.

En moins de quinze ans, la France est devenue une grande puissance européenne, s'appliquant à soutenir les principautés protestantes d'Allemagne ou des Pays-Bas contre les volontés hégémoniques de la maison d'Autriche.

Les fanatiques n'ont pas désarmé pour autant et "le plus grand roi du monde" a fait l'objet de plus d'une dizaine de tentatives d'assassinat. Il en a réchappé miraculeusement… jusqu'au 14 mai 1610.

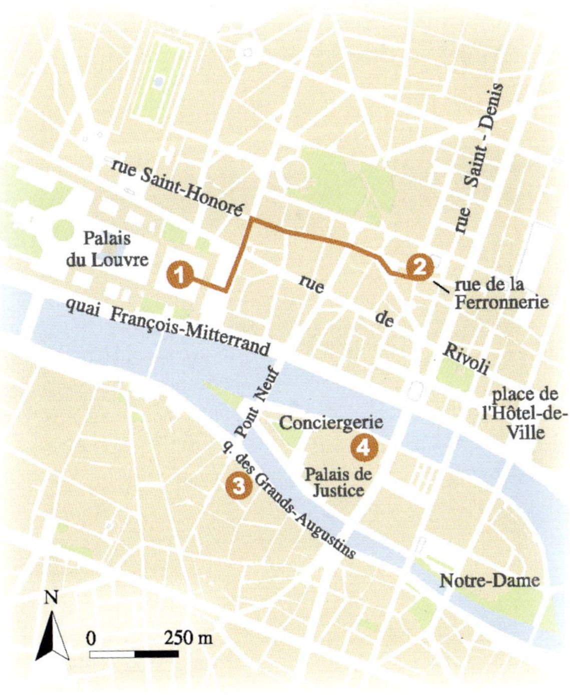

14 mai 1610

Palais du Louvre

1

En ce matin de printemps, Henri se sent tourmenté dès son lever, prolonge exceptionnellement ses oraisons et s'irrite contre ses serviteurs. Les rapports de police, alarmants comme la fièvre qui a envahi la capitale à la veille d'une guerre contre la maison d'Autriche, ne sont pas étrangers à la tension que le souverain sent monter en lui.

Ce vendredi 14 est un jour sans obligation officielle ; la Cour et la ville le savent, qui ont eu connaissance de l'emploi du temps royal rendu public la semaine précédente. Dans Paris, il y a foule. Le sacre du 13 mai et l'entrée de la reine, prévue dimanche, ont attiré les curieux. Partout bruissent les rumeurs et les craintes d'un nouvel attentat régicide. Une ultime prédiction a fixé la date du crime au jour même et il circule une description du meurtrier dépeint comme un homme roux et très grand.

François Ravaillac répond parfaitement au signalement mais nul ne porte attention à ce badaud parmi d'autres dans les environs du Louvre. Ravaillac est en proie à une grande agitation depuis qu'il a cru entendre une voix divine lui dicter de tuer l'hérétique ; à différentes reprises, il s'est déjà approché de sa future victime, a renoncé, a ébréché son couteau pour contrarier son projet… est revenu quand même.

Portrait en pied de François Ravaillac tenant son poignard ; dans les médaillons sont représentés Henri IV, Marie de Médicis et Louis XIII. Gravure de Cristoffel Van Sichem.

Trois heures de l'après-midi. Henri IV tourne en rond au Louvre, sans parvenir à se distraire de ses sombres pensées. Pour tromper sa morosité, il décide de visiter Sully, souffrant et contraint de garder la chambre en son hôtel de l'Arsenal ; peut-être trouvera-t-il auprès de son grand maître de l'Artillerie un peu de réconfort.

Les ordres fusent. Vitry, capitaine des gardes, mobilise une escorte à cheval… mais le roi ne veut personne autour de lui, hors les valets à pied.

Le carrosse royal, vaste et profond, est avancé dans la cour Carrée. Henri y prend place, à gauche ; à sa droite, le duc d'Épernon, en face, le maréchal de Montbazon et Monsieur de Lavardin.

Il fait beau. Le souverain demande que les mantelets soient baissés. Un court instant, le carrosse s'immobilise devant la Porte de Saint-Germain-l'Auxerrois. Ravaillac est posté sous le guichet mais n'intervient pas car le roi, enfoncé dans l'encoignure de sa voiture, lui paraît hors d'atteinte.

Au cocher qui lui demande l'itinéraire désiré, Henri indique la Croix du Trahoir (au carrefour des rues Saint-Honoré et de l'Arbre-Sec).

Les épisodes du drame : l'assassinat au centre, les différents protagonistes et le supplice de Ravaillac.
© PMVP/Briant

Longeant le cimetière des Innocents, il croisera la rue Saint-Denis qui fait angle avec la rue de la Ferronnerie et pourra ainsi s'assurer des préparatifs de la cérémonie de l'entrée de la reine.

Sans que personne ne s'intéresse à lui, Ravaillac suit le carrosse et attend l'occasion favorable.

14 mai 1610
11, rue de la Ferronnerie

2

Le chemin choisi par Henri IV pour se rendre chez Sully n'est ni le plus direct ni le plus court. Comme toujours, la rue de la Ferronnerie est encombrée. Henri II avait bien ordonné dès 1554 qu'on détruise les multiples échoppes et les loges qui rendaient cette artère très fréquentée du quartier des Halles beaucoup trop étroite, mais rien n'en a été fait.

Pour l'heure, deux charrettes, l'une de foin, l'autre de vin, se trouvent nez à nez et interdisent tout passage. Le carrosse royal reste bloqué à la hauteur du domicile du notaire Pourtrain.

"Massacre d'Henri IV par François Ravaillac le 14 mai 1610." © PMVP

On parvient avec peine à ranger les charrettes le long du mur qui fait face au cimetière des Innocents. Pendant qu'une partie de l'escorte royale est encore à la manœuvre, le reste de la troupe a traversé le cimetière sans attendre le dégagement complet. Il ne reste près du carrosse qu'un valet, attardé à l'arrière, occupé à renouer sa jarretière.

Le cocher mène lentement et avec d'infinies précautions son attelage en évitant d'accrocher le mur des Innocents. Il ne peut éviter cependant l'ornière du ruisseau central et la lourde voiture s'incline dangereusement sur la droite. D'Épernon, qui était en train de lire une lettre au roi, est déséquilibré et Henri IV bascule vers l'avant. Ravaillac a déjà bondi sur l'essieu et, par deux fois, plonge son poignard dans la poitrine royale. "Je suis blessé", soupire Henri… avant de mourir.

Plaque commémorative du régicide apposée au 11, rue de la Ferronnerie. © S. Ageorges

Tout a été si soudain, si rapide ; nul n'a pu arrêter le bras meurtrier. Le géant roux reste sur place, immobile, hébété. Un gentilhomme a sorti son épée et s'apprête à l'embrocher. D'Épernon hurle : "Ne le tuez pas ! Il y va de votre tête !" On s'empare immédiatement de François Ravaillac.

La stupeur passée, une intense émotion envahit la rue. La Force tente de calmer les esprits en assurant que le roi n'est que blessé. Tandis que d'Épernon couvre de son manteau le cadavre ensanglanté d'Henri IV, le cocher rebrousse chemin vers le Louvre à vive allure.

14 mai 1610
Couvent des Augustins

3

Le Parlement de Paris s'est réuni non pas comme d'habitude au Palais de la Cité, mais au couvent des Augustins ainsi que le veut l'usage à l'occasion des entrées royales.

La veille, Henri IV a fait couronner Marie de Médicis à Saint-Denis. Le roi s'apprête en effet à soutenir militairement d'ici quelques jours les princes protestants contre la Maison d'Autriche et entend bien que Marie soit investie de tous les attributs royaux pour poursuivre sa politique.

Pour le Parlement de Paris, première cour de justice du royaume, à chaque jour suffit sa peine ; on se contente, en cet après-midi, d'expédier les affaires courantes. Le premier président Harlay, souffrant

"Vue du grand couvent des Augustins qui regarde l'île du Palais et une partie du château du Louvre". C'est dans le couvent que le parlement de Paris apprit la nouvelle de la mort du roi.
© PMVP/Degraces

de la goutte, est resté chez lui et c'est monsieur Pottier qui dirige des débats sans grand relief.

Soudain, vers 16 heures 30, l'assemblée sort de sa torpeur. Avocats, conseillers, procureurs se parlent à voix basse, se cherchent du regard, s'agitent... Le président réclame vainement le silence et suspend la séance. Il est immédiatement entraîné dans une petite pièce voisine par l'avocat Servin qui l'informe des rumeurs. On n'est encore sûr de rien mais on redoute le pire.

Le président fait aussitôt avertir Achille de Harlay ; tous les membres du Parlement sont consignés aux Augustins. On délègue deux avocats au Louvre.

Maître Louis Dolé ordonne au nom de la reine une séance plénière. Les absents sont rappelés.

Les deux émissaires reviennent du Louvre, porteurs de la terrible nouvelle : Henri est mort. Marie de Médicis, sacrée la veille, devra donc assurer la régence jusqu'à la majorité de Louis XIII. Pour le Parlement de Paris et Achille de Harlay, pareille coïncidence semble hautement improbable. François Ravaillac n'a pas agi de son seul chef ; le parti espagnol à la Cour de France a nécessairement armé son bras.

Maquette de l'île de la Cité telle qu'elle devait être en ce mois de mai 1610. © PMVP/Lifermann

Accusé de régicide, Ravaillac fut condamné à être écartelé. La sentence fut rendue en place de Grève le 27 mai 1610.
© PMVP/Briant

16 mai 1610

Conciergerie du palais de la Cité

4

François Ravaillac a été transféré à la prison de la Conciergerie. Il n'en sortira que pour son exécution. Achille de Harlay préside aux interrogatoires quotidiens jusqu'au matin du mercredi 19.

Pour tous, présidents des cours, conseillers du roi, procureur général du roi, Ravaillac n'a pu agir que sur l'ordre des féaux du parti espagnol.

Mais le meurtrier s'obstine avec la dernière énergie à nier tout complot organisé. L'homme aurait-il alors été le jouet de quelque démon ? Nouvelles protestations de l'accusé qui s'affirme bon catholique, se gardant de tout commerce avec le diable.

Soumis à la question à partir du 25, Ravaillac n'en dira pas davantage. Pour les juges, l'homme reste une énigme : comment un possédé pourrait-il désirer les derniers sacrements ? Comment un esprit simple pourrait-il décider tout seul d'attenter à la vie du premier personnage du royaume ?

Le 27 mai, cruellement supplicié en place de Grève, François Ravaillac meurt, écartelé au quatrième effort des chevaux. ■

1630

La journée des Dupes

{ 10 novembre 1630 }

La mort d'Henri IV a donné la régence du royaume à Marie de Médicis. Le jeune Louis XIII n'est pas en âge, à 9 ans, d'accéder aux responsabilités suprêmes ; l'enfant ne peut pas même compter sur un surcroît d'affection de sa mère qui découvre les délices du pouvoir.

Sully est congédié. Les grands s'agitent à nouveau. En 1614, la régente est contrainte de réunir les états généraux où le représentant du clergé, Armand du Plessis de Richelieu a su se distinguer. Il entre dans l'entourage de la reine, devient secrétaire d'État, en évitant toutefois de se compromettre avec les Concini, un couple d'aventuriers venus d'Italie dans les bagages de la reine.

Allégorie de la journée des Dupes, représentant le cardinal de Richelieu et le général romain Scipion : "Tu vois deux Scipions, tu vois deux Richelieux, dont la vertu n'eut jamais de seconde. Mais si l'un a cueilli tous les lauriers du monde l'autre doit moissonner les palmes dans les cieux." © BNF

Le jeune roi est isolé, négligé, exclu de toute réalité du pouvoir. Affecté d'un bégaiement, fermé sur lui-même, il n'est toutefois pas dépourvu de détermination. On s'en aperçoit en 1617 quand il fait assassiner Concini sur le perron du Louvre. Le peuple dépèce le cadavre.

Guerroyant vainement contre son fils, exilée à Blois, Marie de Médicis peut encore compter sur Richelieu qui prend cependant grand soin de ménager la susceptibilité royale. Artisan de la réconciliation entre Louis XIII et sa mère, le jeune cardinal (Grégoire XV a donné son accord le 5 septembre 1622) entre au conseil du roi en avril 1624. S'attachant à restaurer l'autorité royale, le ministre réprime sans pitié toutes les sources de sédition. Les protestants perdent les privilèges militaires qu'ils avaient obtenus d'Henri IV, les nobles qui ont comploté contre le royaume sont écrasés.

Le parti des deux reines (Louis XIII a épousé Anne d'Autriche) n'est toutefois pas inactif qui conspire contre le Cardinal opposé à l'hégémonie espagnole.

Quand, en septembre 1630, Louis XIII, malade, semble à l'article de la mort, Marie de Médicis croit son heure venue. Elle pense avoir emporté la partie en ayant arraché au roi, très diminué, la destitution de son ministre. Le rétablissement inattendu du souverain ne la distrait pas de son objectif : elle exige encore le renvoi de Richelieu. Ultime et funeste bataille qui vaut à Marie un exil dont elle ne reviendra pas. Richelieu, fort du soutien royal retrouvé, triomphe.

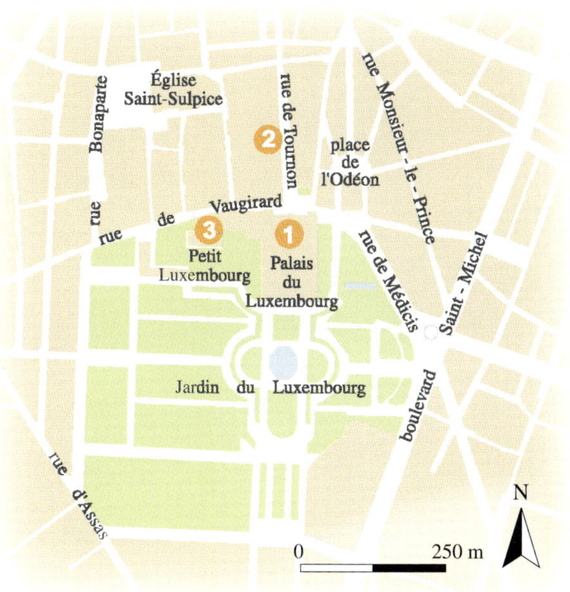

10 novembre 1630

Palais du Luxembourg

1

Marie de Médicis a fait fermer toutes les portes de son palais. Dans sa chambre, seule avec son fils venu en voisin de l'hôtel des Grands Ambassadeurs (le Louvre est en travaux), elle s'apprête au dernier assaut.

Madame de Combalet, nièce du Cardinal, entre. La reine se glace puis s'emporte violemment. Devant le roi, toute expression de colère est interdite ; Louis, outré, exige le retrait de l'ancienne dame d'atours. Celle-ci, en larmes, croise dans les couloirs son oncle, entré par une porte dérobée qu'on avait oublié de verrouiller. Richelieu mesure la gravité de l'instant. Les corridors du Luxembourg n'ont aucun secret pour lui : par un escalier dissimulé dans un pilier, il monte au premier étage et rejoint la chapelle. Il y a là une porte qui communique avec la chambre de Marie de Médicis. Elle s'ouvre, il entre.

Le palais d'Orléans. Gravure de Boisseau. © PMVP/Habouzit

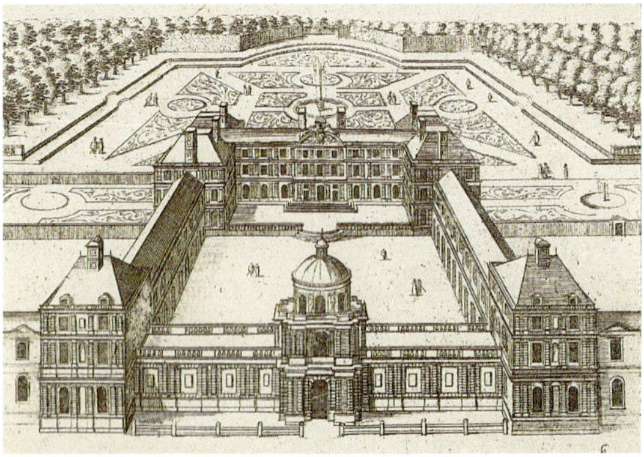

La reine demeure un temps interdite. Louis XIII ne peut dissimuler sa surprise. Le Cardinal, sans perdre son sang-froid, s'enquiert : "Je m'assure que vous parliez de moi", et contraint Marie de Médicis à en convenir.

Le roi demeure silencieux et voit sa mère submergée par la fureur ne pouvoir retenir un flot d'injures et d'imprécations. Richelieu, bouleversé par le spectacle, s'agenouille et proteste de sa loyauté. Marie le relève mais l'accalmie n'est que très momentanée ; l'épouvantable diatribe reprend de plus belle.

C'est en vain que le Cardinal essaie à nouveau de convaincre de sa fidélité.

Le ministre se tourne vers son roi qui reste silencieux. Richelieu se retire. Louis XIII ne lui adresse ni un mot ni un regard.

À droite : La chambre de Marie de Médicis au Petit-Luxembourg, où se déroula l'entrevue entre la reine mère, Louis XIII et le cardinal de Richelieu. © Bibliothèque du Sénat. Ph. S. Ageorges

Ci-dessous : Portrait de Marie de Médicis (1573-1642), reine de France et régente. Peinture de Frans II Pourbus. © PMVP/Pierrain

10 novembre 1630

Hôtel des Grands Ambassadeurs

10, rue de Tournon

2

Louis XIII regagne à pied l'hôtel des Grands Ambassadeurs. Les courtisans sont déjà là, pressés de savoir si la réconciliation entre la reine et le Cardinal a bien eu lieu. Le visage du roi reste fermé. Sans adresser un mot à quiconque, il s'enferme dans son cabinet avec son seul favori, le duc de Saint-Simon. Louis se sent profondément humilié ; hors de lui, il laisse libre cours à sa fureur. Comment a-t-on pu faire une pareille offense à sa personne ? Il faut exclure du Conseil soit la reine mère, Marie de Médicis, soit le ministre, Richelieu.

L'hôtel des Grands Ambassadeurs était la résidence royale en ce 10 novembre 1630. Gravure de Régnier et Champin. © PMVP

Qu'en pense Saint-Simon ? Depuis la sortie du Palais du Luxembourg, celui-ci sait qu'il ne pourra pas esquiver la redoutable question. Sans détours, le duc soutient Richelieu qui, depuis six ans, sert le roi et la France contre la Maison d'Autriche. Il faut persévérer dans cette œuvre qu'Henri IV lui-même avait entreprise. Marie de Médicis, subjuguée par ses insatiables désirs de pouvoir, est prête pour sa part à livrer les affaires du royaume aux aventuriers du parti dévot, encourageant dans toute l'Europe les ennemis de la France. En s'ouvrant ainsi, Saint-Simon sait qu'il exprime les pensées secrètes du roi… qui prend parti pour le Cardinal.

Louis XIII (1601-1643), roi de France. Peinture de Philippe de Champaigne. © PMVP/Lifermann

C'est bientôt la fin de la matinée. Assuré de la fermeté des vues royales, Saint-Simon suggère qu'il serait opportun de prévenir au plus vite le Cardinal, sans doute occupé en ce moment même à préparer sa fuite. Louis XIII prie son favori de convoquer son ministre pour le soir, au pavillon de chasse de Versailles.

Dans l'antichambre, la foule est si dense qu'on peut à peine se mouvoir. Le duc parvient à grand-peine jusqu'à Monsieur de Tourville, gentilhomme de confiance, l'entraîne à l'écart et lui glisse discrètement à l'oreille l'instruction de se rendre immédiatement au Petit-Luxembourg pour avertir de sa part le cardinal de Richelieu de la décision royale.

Une heure plus tard, Louis XIII part pour Versailles.

10 novembre 1630
17, rue de Vaugirard, au Petit-Luxembourg

3

Accablé, Richelieu a regagné sa demeure après la terrible confrontation matinale. Le ministre déchu s'enferme dans son cabinet de travail et organise aussitôt sa fuite hors de Paris, loin de cette cour qui le hait, de la reine qui a consommé sa perte, du roi qui le livre à la disgrâce malgré six ans d'une incontestable abnégation.

Les jardins du palais d'Orléans et du Petit-Luxembourg. Gravure d'Israël Silvestre. © PMVP/Joffre

Le Petit-Luxembourg, résidence de Marie de Médicis, mère du roi Louis XIII. © S. Ageorges

Le cardinal Armand-Jean du Plessis duc de Richelieu (1585-1642). Gravure de Turgis et Chrétien. © PMVP/Giet

Le désastre est absolu : en même temps que sa mort politique, Richelieu voit sa lutte défaite contre la puissance espagnole, sa volonté d'affermir le royaume en Europe totalement anéantie. Gouverneur de la ville du Havre, il peut compter y trouver refuge ; ce soir il sera à Pontoise.

Cependant, un ami sûr, le cardinal de La Valette, se trouve au Petit-Luxembourg. Il écoute cet homme aux abois – celui qui était hier encore le redoutable ! – faire le récit de ses malheurs et confier ses projets immédiats. Avec sagesse, La Valette recommande de ne rien précipiter. Le roi n'a dit mot après tout et le ministre fidèle peut plaider sa cause. Le pire est-il vraiment certain ? N'est-il pas hasardeux de s'arroger la qualité d'interprète des silences royaux ? Le roi en personne doit dire à son ministre s'il le maintient ou non en son conseil.

Sur ces entrefaites, Tourville, envoyé du duc de Saint-Simon, se présente. Son message, conviant le ministre à rejoindre Versailles où le roi sera, redonne courage et espoir à Richelieu. Tout n'est donc pas perdu ! Le Cardinal, accompagné de La Valette, fait demander son carrosse sur-le-champ. C'est à Versailles qu'il ira. Et non à Pontoise. ■

La Fronde

{1648-1653}

Richelieu a été le grand ministre de Louis XIII ; Mazarin est celui de la régente Anne d'Autriche, aussi dévoué au royaume que son illustre et détesté prédécesseur a pu l'être. Cependant, les caisses du Trésor royal sont vides. La guerre de Trente Ans, outre son lot de misère et de dévastations, est un gouffre sans fond. Mazarin multiplie les impôts et les prélèvements avec une grande imagination fiscale… Le ministre veut aussi modifier la perception de la Paulette par les magistrats, mais ceux-ci défendent fermement leurs privilèges contre le pouvoir. Le 13 mai 1648, les trois cours souveraines, loin de se diviser comme l'espérait Mazarin, prononcent l'arrêt d'Union, entendant réformer les abus de l'État et

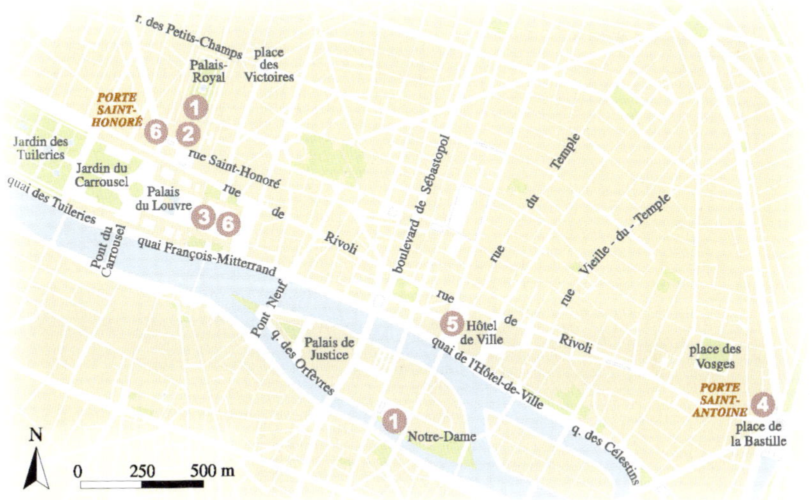

contestant de fait la structure même du pouvoir monarchique. La Fronde parlementaire commence. Mazarin croit éteindre l'incendie avec des arrestations mais ne parvient qu'à étendre la détestation dont il est l'objet. Voulant échapper à la pression du Parlement et des Parisiens, le Cardinal s'enfuit avec la famille royale, dans la nuit du 5 au 6 janvier 1649, à Saint-Germain-en-Laye. Les pamphlets – les Mazarinades – font aussitôt les délices de la rue et des salons car les princes se montrent, eux aussi, plus arrogants et indisciplinés que jamais.

Condé, temporairement fidèle à la cour, assiège Paris avec son armée et permet le retour à l'ordre. Il exige vite le paiement de ses services en réclamant de remplacer Mazarin ; mal lui en prend, Anne d'Autriche le fait arrêter ainsi que Conti et Longueville. La Fronde des princes embrase la province ; elle a beau être défaite militairement en décembre 1650, princes et parlementaires trouvent encore les moyens de faire cause commune contre leur grand ennemi. Mazarin s'exile en Allemagne en février 1651, laissant habilement des frondeurs aux intérêts et aux ambitions contradictoires se diviser. Condé poursuit sa croisade personnelle ; elle échoue aux portes de Paris en juillet 1652 où son armée est battue par les troupes royales conduites par Turenne (lui-même ancien frondeur de 1649 !). Sauvé de justesse par la fille de Gaston d'Orléans, oncle du roi, Condé se brouille cependant avec tous ceux qui auraient pu être ses alliés et s'enfuit, le 13 octobre, aux Pays-Bas espagnols. Louis XIV et Anne d'Autriche peuvent regagner Paris, suivis, en février 1653, par Mazarin qui emporte définitivement la partie. La Fronde est terminée.

"Le salut de la France dans les armes de la ville de Paris" : le parlement et les nobles sauveurs de la nation contre Mazarin représenté en train de se noyer à la poupe du navire. Gravure satirique du 8 janvier 1649. © Collection Viollet

26 août 1648

De Notre-Dame au Palais-Royal

1

À l'aube, les Parisiens entendent tonner les canons de l'Arsenal et de la Maison de la Ville. Ils annoncent le *Te Deum* prévu dans la matinée à Notre-Dame pour célébrer la victoire de Condé sur les Espagnols. Tous les grands du royaume seront présents, à commencer par Anne d'Autriche et le jeune Louis XIV. Mazarin n'entend pas laisser passer pareille occasion d'éliminer ses opposants ; qui songerait à s'étonner d'un imposant déploiement militaire en un semblable jour de gloire ? Quinze arrestations sont prévues mais l'échappée du duc de Beaufort – "le roi de la Halle" pour les Parisiens qui l'adorent – nécessite de réviser les ambitions. On se contentera, finalement, de trois prises à l'issue de la cérémonie : le président aux Enquêtes, monsieur de Blanc-Mesnil, et deux conseillers au Parlement, monsieur Charton et le très populaire Broussel.

"Puisque ce grand monarque et cette grande reine lèvent les mains au ciel dans leur nécessité, peuples, priez comme eux la bonté souveraine et comme eux vous aurez ce que vous souhaitez." Anne d'Autriche et Louis XIV prient Dieu pour la France. Gravure de Boulenger. © Collection Viollet

Mêlés à la foule qui emplit le parvis de Notre-Dame, les gardes suivent les trois frondeurs dans les ruelles étroites, encombrées d'échoppes, de carrosses, de cavaliers et de badauds. Ils se saisissent de Blanc-Mesnil, aussitôt conduit au château de Madrid dans le bois de Boulogne. Charton, profitant du désordre, parvient à s'enfuir. Broussel est arrêté à la Croix-du-Trahoir. L'affaire ne passe pas inaperçue car les domestiques du magistrat alertent la foule. Le tumulte enfle ; on crie "Broussel ! Broussel !", tandis que Comminges s'efforce de dégager son carrosse pour conduire son prisonnier à Vincennes. En une demi-heure, les chaînes barrent les rues, les commerces baissent leurs auvents, les échoppes ferment ; partout, de la Cité au Palais-Royal, des entassements de barriques bloquent le passage, jusqu'à deux cents pas de la demeure royale, rue Saint-Honoré.

Pierre Broussel (1576-1654), conseiller au parlement de Paris, arrêté sur l'ordre de Mazarin le 26 août 1648. © PMVP/Joffre

Si Anne d'Autriche et Louis XIV ont pu rejoindre leurs appartements, les gardes suisses et français qui font la haie sur le parcours sont vite débordés. Le peuple de Paris envahit le quai des Orfèvres, le Pont-Neuf, la rue Saint-Honoré. Isolé dans un Paris en ébullition, le pouvoir royal veut tenir tête mais n'en a guère les moyens. Les gardes suisses, repliés sur la place du Palais-Royal, parviennent tout juste à la préserver des émeutiers qui campent sur les barricades environnantes. Le lendemain, le Parlement se transporte au Palais-Royal. Il faut céder ; Broussel est libéré le 28.

Le pouvoir royal peut-il durablement accepter que la rue lui impose sa volonté ? En septembre, les souverains s'établissent pour quelques semaines à Rueil.

Nuit du 5 au 6 janvier 1649
Palais-Royal

2

Tablant sur la protection des troupes de Condé, le "troisième fils" comme aime à l'appeler Anne d'Autriche, Mazarin a convaincu sans mal la régente de la nécessité de prendre du champ. Le Parlement de Paris ne s'est jamais senti aussi puissant et affiche sans détour sa volonté de gouverner le royaume. Il peut, suprême menace, déclarer régent sur simple décret l'oncle du jeune roi. Il faut donc s'assurer

Louis XIV âgé d'une dizaine d'années, représenté avec les attributs royaux : le manteau d'hermine et le bâton de commandement. Peinture d'Henri Testelin. © RMN

de Gaston d'Orléans auquel le cardinal de Mazarin promet, pour le détourner d'autres perspectives, la souveraineté sur le Roussillon.

Mais l'urgence est d'extraire la famille royale des pressions parisiennes. Le secret de ces projets de fuite a été bien gardé. Les rumeurs circulent néanmoins et la duchesse d'Aiguillon s'en inquiète auprès de Mazarin qui doit multiplier les dénégations. Fuir, il en est pourtant bien question.

Ce soir, Anne d'Autriche est comme à l'accoutumée au Palais-Royal et joue avec ses enfants. Le jeune roi l'a fait reine : "La reine boit !" On se délecte d'hypocras, ce vin sucré parfumé à la cannelle.

Le cardinal Jules Mazarin (1602-1661), impopulaire aussi bien auprès du peuple que des nobles notamment à cause de sa politique fiscale. © PMVP/Joffre

Louis et Philippe vont se coucher. Mazarin et Condé reviennent d'un dîner aux alentours de minuit, encore trop tôt pour faire mouvement. Trois heures sonnent quand on lève les enfants royaux et les habille à la maigre lueur des bougies. La famille royale, dans la nuit profonde et froide, traverse le jardin du Palais-Royal – ce jardin où le jeune Louis jouait au chef de guerre – et rejoint la rue des Petits-Champs. C'est presque la fin de Paris ici, un mélange de campagne et de chemins obscurs. Les chevaux emmènent bien vite les deux carrosses jusqu'au cours la Reine. Là, il faut attendre deux heures Gaston d'Orléans, ralenti par une crise de goutte.

Paris a perdu son roi. Le petit Louis XIV s'est-il rendormi sur la route de Saint-Germain-en-Laye ou s'est-il attaché à fixer dans sa mémoire ce cauchemar d'une nuit d'hiver ?

18 janvier 1650
Palais du Louvre

3

Les troupes royales conduites par Condé ont encerclé Paris et su réduire les ambitions du Parlement. Mais les Grands ne perdent pas une occasion de souffler sur les braises chaque fois que la population parisienne manifeste quelque mécontentement. Condé lui-même ne cherche plus à dissimuler le mépris dans lequel il tient Mazarin et affiche des exigences toujours plus grandes. Cette nouvelle fronde n'est pas plus tolérable pour le ministre que ne le fut celle du Parlement : l'arrestation de ses chefs s'impose, à commencer par celle du prestigieux Condé.

Le plan de la régente et de son ministre, élaboré dans le plus grand secret, consiste à se saisir de Conti, Longueville et Condé lors du prochain Conseil de Régence. Vers 18 heures 30, le capitaine des gardes de la reine, Guitaut, entre dans la salle du Conseil, se dirige vers Condé et lui annonce qu'il vient se saisir de sa personne au nom du roi et de la reine. Stupéfait, le prince ne parvient pas à croire ce qu'il entend et reprend par quatre fois l'impudent émissaire. Mais Guitaut persiste : il est bien porteur d'un ordre qui concerne également messieurs de Conti et de Longueville. Condé, incrédule, demande à voir la régente, se rend jusqu'à son cabinet dont la porte reste close.

On fait venir les gardes. Longueville, cloué par la goutte sur une chaise, est replié dans un morne silence : ira-t-il à la Bastille ou à

Vincennes ? À grands pas, Conti et Condé arpentent la galerie. On les conduit vers la petite sortie qui donne sur les jardins. Le capitaine fait monter les trois princes dans sa voiture ainsi que Comminges, lieutenant des gardes de la reine, et Miossans, sous-lieutenant de la compagnie des gendarmes de la reine. Ces hommes sont sûrs ; Mazarin les a choisis personnellement.

Après avoir franchi la porte Richelieu dans l'obscurité complète, le carrosse et son escorte s'engagent dans le mauvais chemin conduisant à la route de Vincennes. La voiture verse. Condé tente de s'échapper mais Miossans le rejoint. Va-t-il le laisser fuir ? Le garde n'a pas l'intention de se détourner de son devoir. "Néanmoins, Miossans, si tu voulais…", soupire Condé, qui n'insiste pas davantage.

La voiture repart et, sans plus d'encombre, parvient au château de Vincennes. Drouet, gouverneur du lieu, conduit les princes au donjon, puis fait donner un coup de canon suivant le signal convenu avec Anne d'Autriche et Mazarin.

Déjà, la rumeur court dans Paris qu'on arrête les Grands. Beaucoup s'enfuient.

Les princes de Condé et de Conti ainsi que le duc de Longueville sont escortés par les soldats du roi jusqu'à la prison du château de Vincennes le 18 janvier 1650.

La résidence royale du Louvre vue depuis le Pont-Neuf vers 1650. Peinture attribuée à Pieter Casteels. © PMVP/Briant

2 JUILLET 1652

Porte Saint-Antoine

4

Condé, libre depuis février 1651, a commencé, suivant son habitude, par se brouiller avec les autres frondeurs parisiens avant de partir en province pour y rallier les mécontents. Il a ensuite fait alliance avec Gaston d'Orléans, sans pour autant que la situation dans la capitale ne s'apaise. Comptant sur un soutien espagnol, Condé remonte au printemps 1652 vers Paris dont il espère bien devenir le maître sans partage. À plusieurs reprises, sa progression a été ralentie par l'armée royale de Turenne.

L'ultime et décisive bataille a lieu sous les murs de Paris, à la porte Saint-Antoine. Alors que l'armée rebelle tente de rejoindre Charenton, elle est arrêtée par Turenne dont les garnisons campent sur les hauteurs de Montmartre. Le canon tonne dans le faubourg où les soldats progressent difficilement parmi les barricades. L'armée du prince ploie sous l'assaut royal. Des hauteurs de Charonne, Louis et Mazarin observent les combats. L'assaut du maréchal de La Ferté est décisif qui réduit les frondeurs ; Condé ne doit son salut qu'à l'intervention de la Grande Mademoiselle, cousine du roi et fille de Gaston d'Orléans, qui fait ouvrir la porte Saint-Antoine aux rebelles en déroute et donner les canons de la Bastille contre l'armée royale.

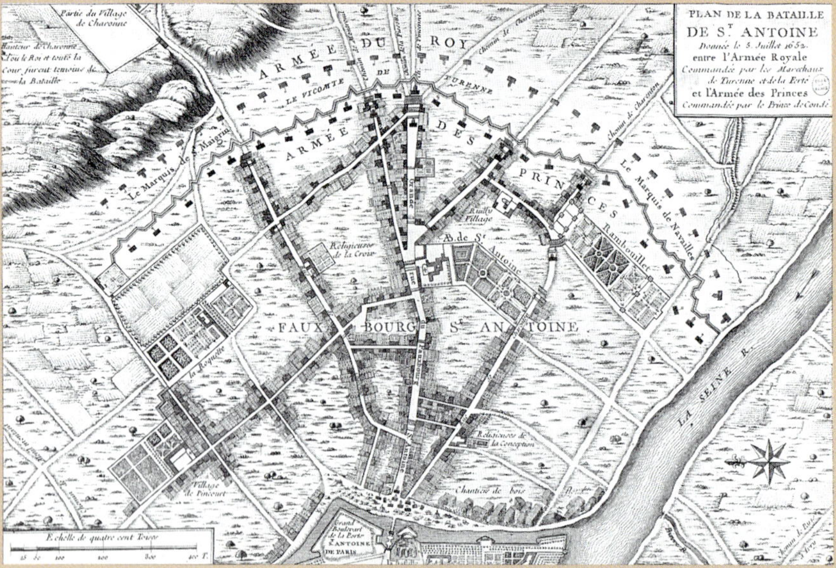

Ci-dessus : Plan retraçant les événements de la bataille de Saint-Antoine entre l'armée royale et l'armée des princes. © PMVP/Ladet

Ci-contre : Anne-Marie-Louise d'Orléans, dite la Grande Mademoiselle, cousine du roi (1627-1693). Peinture d'Henri Beaubrun. © PMVP/Habouzit

Henri de la Tour d'Auvergne, vicomte de Turenne (1611-1675). Il prit le parti du roi contre les frondeurs à qui il opposa l'armée royale lors de la bataille de Saint-Antoine. Peinture de Philippe de Champaigne.
© PMVP/Habouzit

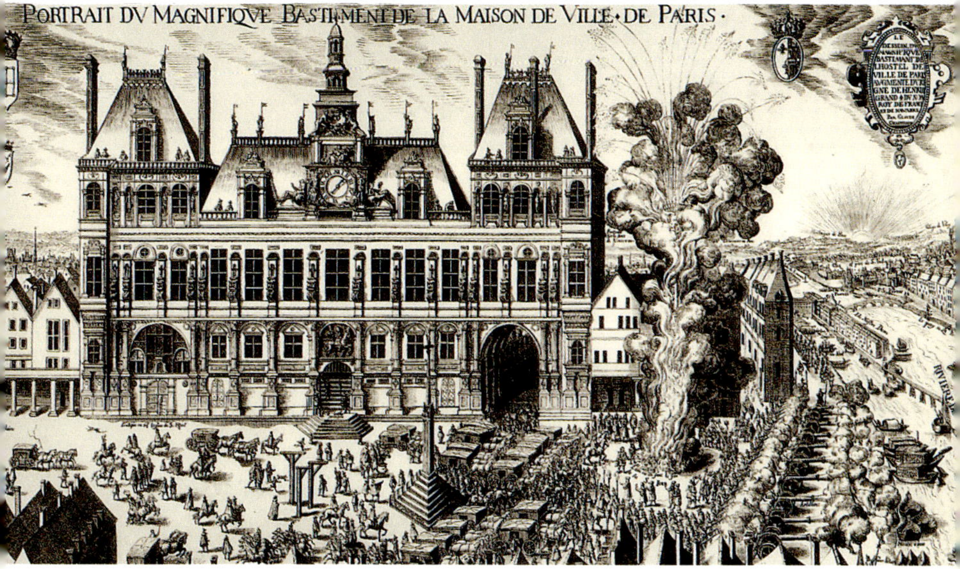

4 JUILLET 1652
Hôtel de Ville

5

L'Hôtel de Ville de Paris au milieu du XVIIe siècle. Gravure de Matthaüs Mérian. © PMVP/Trocaz

Au matin, une inquiétante cohorte de centaines de va-nu-pieds, tous munis d'un brin de paille au chapeau, s'approche de l'Hôtel de Ville. Les édiles parisiens s'y sont réunis sous la présidence du prévôt des marchands pour soutenir la cause de Louis XIV. Soudain, des coups de feu brisent les carreaux des fenêtres, les portes sont incendiées et les escaliers retentissent des cris furieux des séides grimés de Condé. Le massacre commence.

Par la terreur, le prince veut contrarier les perspectives de réconciliation qu'il sent poindre entre Gaston d'Orléans, le Parlement et le roi. La victoire de Condé sera toutefois de courte durée car il demeure isolé, sans véritable soutien populaire ni réelle emprise, autre que coercitive, sur les parlementaires. Surtout, le prince ne peut compter sur le renfort des Espagnols que Turenne, replié à Compiègne, parvient à contenir. Le 13 octobre, il s'enfuira aux Pays-Bas espagnols.

Louis II de Bourbon, prince de Condé (1621-1686). Chef de file de la Fronde, il prend la tête de l'insurrection contre le pouvoir royal le 2 juillet 1652. Gravure de Jacques Daret. © PMVP/Briant

"L'heureux retour de sa majesté en sa ville de Paris le 21 octobre 1652." Le jeune Louis XIV à cheval est accueilli par les notables parisiens. Gravure d'Alexandre Boudan. © Harlingue/Roger-Viollet

21 octobre 1652

De la porte Saint-Honoré au palais du Louvre

6

Depuis la fin septembre, le Conseil royal examine avec tous les soins requis la demande du parlement de Paris dont une délégation s'est transportée spécialement au château de Saint-Germain-en-Laye : Paris réclame le retour de Louis XIV, désormais majeur.

Le roi entend s'assurer préalablement des magistrats et des princes. Par lettres de cachet individuelles, les parlementaires, à l'exception de douze d'entre eux jugés indésirables, sont convoqués à un lit de justice au Louvre. Les grands, et notamment Gaston d'Orléans qui accepta de Condé la lieutenance générale du royaume, connaîtront l'exil ou la prison.

Au soir du 21 octobre 1652, Louis franchit à cheval la Porte Saint-Honoré.

Jusqu'au Palais-Royal, les Parisiens l'acclament dans la lueur des torches : "Vive le roi !" Gaston d'Orléans ne paraît pas au petit Palais Brion, où Louis XIV prend son souper, et s'enfuit de Paris dès l'aube. La Grande Mademoiselle quitte le Louvre pour son exil à Blois.

Le lendemain, le roi tient son lit de justice au Louvre dans la galerie des peintures. Alors que le président du Parlement achève son discours, le procureur général vient lui porter des lettres. L'une prononce une amnistie générale et casse tous les arrêts de la Cour depuis 1650 ; une autre interdit au parlement de Paris de se réunir

sans autorisation expresse du roi. Le prince de Condé est déclaré coupable de crime de lèse-majesté.

Les parlementaires drapés d'hermine se tassent un peu sous leur bonnet cramoisi et gardent le silence. Leur règne prend fin. ■

Le cardinal de Beaufort, le duc de Retz et M. de la Mothe font allégeance à Louis XIV qui a désormais la charge du pouvoir. Gravure de Jean-Baptiste Humbelot. © Collection Roger-Viollet

La prise de la Bastille

{ 14 juillet 1789 }

Les députés du tiers état refusent de lever la séance des états généraux du 23 juin 1789. Mirabeau s'interpose et déclare : "Nous sommes ici par la volonté du peuple et nous n'en sortirons que par la force des baïonnettes."

Le 5 mai 1789, Louis XVI préside la séance d'ouverture des états généraux réunis dans la salle des Menus-Plaisirs à Versailles. Les députés du tiers état sont deux fois plus nombreux qu'en 1614.

Le discours du roi déçoit. La harangue du ministre des Finances, Necker, pourtant très attendue, irrite et lasse. La question majeure du vote par ordre ou par tête (qui rend majoritaire le tiers) n'est pas posée et Louis XVI se refuse à tout arbitrage. Les députés du troisième ordre, méprisés par les nobles, ont appris à se connaître et se découvrent solidaires ; leurs orateurs se distinguent. Le 17 mai, sur proposition de Sieyès, ses membres se proclament "Assemblée nationale".

Cependant, lors de la séance plénière du 23 juin – Necker refuse d'y assister –, Louis XVI se prononce en faveur du siège par ordre. Les aristocrates semblent l'emporter. Mais s'étant constitué en

Le 5 mai 1789, les états généraux s'ouvrent dans la salle des Menus-Plaisirs de Versailles, sous la présidence de Louis XVI. On voit le clergé à gauche, le tiers état au centre et la noblesse à droite. Gravure d'après Couder. © PMVP

"Assemblée nationale" le tiers état refuse de se retirer. "Une nation assemblée ne peut recevoir d'ordre", s'écrie Bailly. "Eh bien foutre ! qu'ils restent !", jette un Louis XVI exaspéré, du fond de ses appartements.

Cependant, la reine, les comtes de Provence et d'Artois, frères du roi, incitent Louis XVI à défendre tous les droits de sa couronne. Trois jours plus tard, d'importantes troupes sont appelées. Le 8 juillet, le Royal-Allemand cantonne à Boulogne, quatre régiments suisses au Champ-de-Mars. L'Assemblée, qui vient de se désigner Constituante, s'inquiète et Mirabeau, en son nom, demande au roi l'évacuation des troupes. À Paris, le Comité des électeurs (des députés du tiers) s'alarme ; l'inflation et le chômage réduisent le peuple à l'indigence. Le pain manque.

Mille rumeurs traversent la ville, toujours avide des dernières nouvelles que livrent à présent d'innombrables feuilles et journaux. Au Palais-Royal, l'agitation grandit. La garde française paraît de moins en moins sûre. On murmure qu'un complot des aristocrates et des spéculateurs sur le grain aurait affamé le peuple s'il n'avait été contrarié par l'intègre Necker.

Le renvoi du ministre, sitôt connu du peuple (le 12 juillet), met le feu aux poudres. Partout, on cherche des fusils pour se défendre. À l'Hôtel de Ville, Flesselles, le prévôt des marchands, jette les bases de la future garde nationale, mais ne distribue pas d'armes. Le 14 juillet 1789, au matin, le peuple pille le stock d'armurerie des Invalides. Il prendra la Bastille le soir.

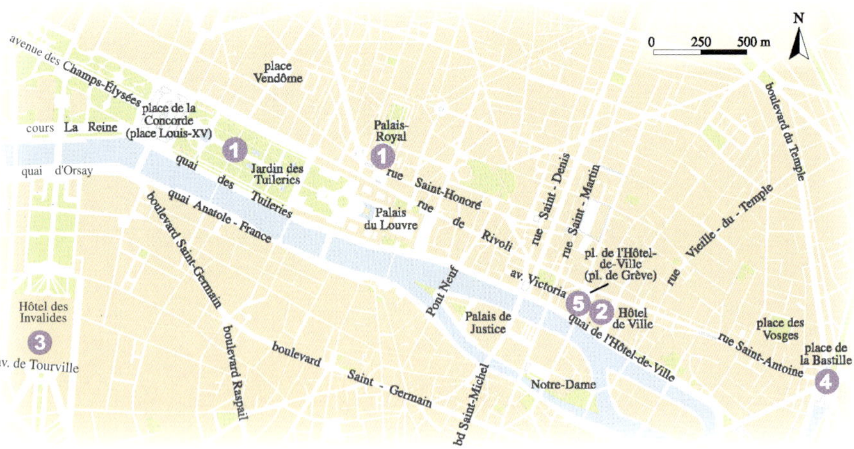

12 JUILLET 1789

Du Palais-Royal aux Tuileries

1

Louis XVI a renvoyé Necker. La nouvelle est sur toutes les lèvres : "Citoyens, vous savez que la Nation avait demandé que Necker lui fut conservé, on l'a chassé ! Peut-on braver plus insolemment ? Après ce coup, ils vont tout oser et, pour cette nuit, ils méditent, ils disposent peut-être une Saint-Barthélemy des citoyens !", lance Camille Desmoulins qui a bondi sur une table du Café de Foye. "Aux armes !

Camille Desmoulins, debout sur une table du café de Foye, harangue la foule. © PMVP/Andreani

Bien que les insurgés tentent vainement de dresser une barricade, le prince de Lambesc fait charger l'armée contre les citoyens rassemblés aux Tuileries. Peinture de Jean-Baptiste Lallemand. © PMVP/Toumazet

Aux armes !", crie-t-il à la foule, l'engageant à prendre "des cocardes vertes, couleur de l'espérance" dans les feuillages des marronniers.

Aussitôt, des groupes se forment. Au musée Curtius, boulevard du Temple (à hauteur du n° 36), on va chercher la tête en cire du ministre bien-aimé ainsi que celle du duc d'Orléans. Recouvertes de crêpe, elles portent le deuil du peuple.

Tous les théâtres de la promenade du Temple ferment. Rue Saint-Denis, rue Saint-Martin, rue Saint-Honoré, on appelle aux armes et le cortège, hérissé de piques, armé de haches, se grossit de chômeurs et d'artisans, convaincus à présent d'une conspiration des affameurs et des aristocrates.

Place Vendôme, devant l'hôtel des fermiers généraux, un peloton de dragons menace, disperse la foule et casse le buste de Necker.

Les manifestants s'enfuient aux Tuileries et se joignent à d'autres citoyens.

Il y a foule dans le parc royal abandonné depuis soixante-dix ans aux plaisirs des Parisiens. Mais ce dimanche, les Tuileries n'accueillent plus seulement les paisibles promeneurs. Les bourgeois, redoutant la banqueroute, se sont rapprochés de groupes plus agités qui dénoncent les accapareurs. On raconte avec éloquence le "terrible" assaut de la place Vendôme, le bris sacrilège de l'effigie du défenseur du peuple et l'on propage des échos menaçants : des aristocrates, à la tête des armées, s'approcheraient de Paris.

Beaucoup portent au chapeau la cocarde verte des marronniers. Aux armes ! Les armes sont aux Invalides, à l'Arsenal, à la Bastille...

Soudain, un vent de panique agite l'entrée des jardins, place Louis-XV (actuelle place de la Concorde). À la hâte, on jette des

Le prince de Lambesc et ses soldats dispersent indifféremment manifestants et promeneurs, créant la panique aux Tuileries. Gravure de Le Campon. © PMVP/Briant

chaises pour dresser une maigre barricade. Le Royal-Allemand charge, frappant, blessant et affolant familles et badauds. Le Prince de Lambesc a fait fermer les grilles. On reflue vers le palais, parmi les tables renversées, dans le plus grand désordre. Certains ont le visage en sang.

La violence infligée au peuple désarmé fait vite le tour de Paris. En fin d'après-midi, des gardes français réunis au Palais-Royal veulent marcher contre les dragons. Mais la place Louis-XV est déserte.

Cependant, le tocsin sonne à l'Hôtel de Ville. Les barrières d'octroi sont incendiées. À minuit, la porte de la Conférence brûle à son tour en projetant sur le sombre palais des Tuileries ses lueurs inquiétantes. C'est l'émeute ; le peuple cherche des armes.

Place Louis-XV, les insurgés portent le buste de Necker qui vient d'être révoqué et celui du duc d'Orléans, tous deux très appréciés par le peuple. L'armée royale réprime violemment ces manifestations. Dessin de Prieur. © PMVP/Delepelaire

13 JUILLET 1789

Hôtel de Ville

2

À l'aube du lundi 13 juillet, la misère et la révolte se sont données rendez-vous. Les indigents, cantonnés à Montmartre, se joignent aux pilleurs du couvent Saint-Lazare qui offre chaque jour le couvert à cinq cents chômeurs. Ses caves regorgent de blé, de farine et de vin. Tout est pris, volé, vendu aux Halles. On ouvre les prisons de La Force. On investit le Châtelet. Partout les octrois, détestés, brûlent. Le tocsin sonne depuis six heures. Le désordre est complet et l'angoisse du complot monte avec le jour.

Le peuple de Paris se rassemble sur la place de Grève et s'organise pour faire face à la répression de l'armée royale. © PMVP/Briant

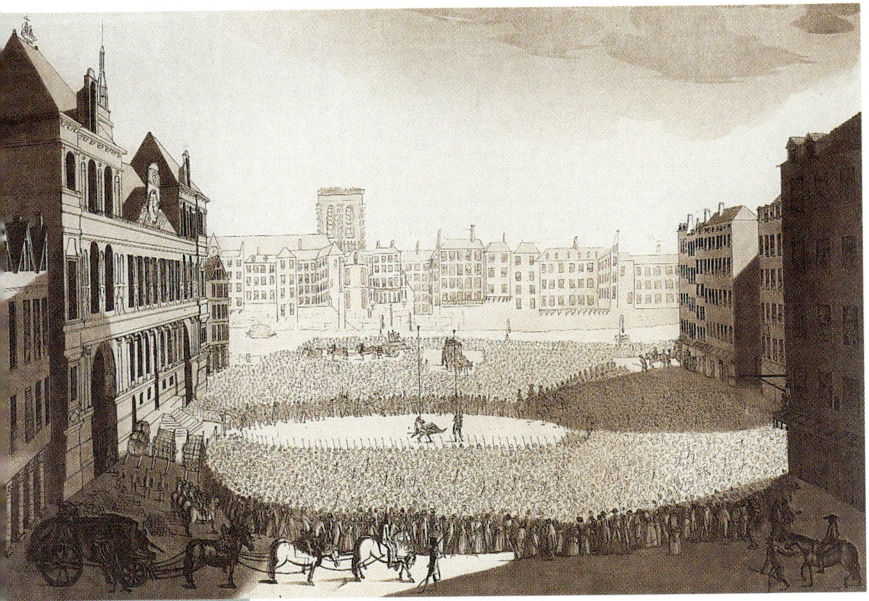

À l'Hôtel de Ville, le Comité des électeurs (qui vota pour les députés du tiers en mai) s'est réuni ; le prévôt des marchands, Flesselles, devait ce même jour se rendre à Versailles où Louis XVI l'attend.

Mais comment quitter Paris quand on réclame des armes en place de Grève ? Les modérés sont inquiets, la bourgeoisie aussi. Pour contenir ce qui n'est encore qu'un soulèvement, poudre et fusils ne peuvent être distribués qu'à une troupe régulière composée d'hommes connus de tous. On cherche un chef : le duc d'Aumont ? La Fayette ? Ce dernier nom est salué par une ovation.

Les délibérations s'enlisent. On vote : chacun des 60 districts de la capitale élira et armera 200 notables. Douze mille bourgeois peuvent-ils défendre les faubourgs contre une armée royale ? Dans l'après-midi, les milices municipales regroupent déjà 48 000 hommes. Une cocarde, bleue et rouge, aux couleurs de la ville de Paris, est attribuée à cette garde nouvelle qui doit prêter serment non devant l'assemblée des électeurs, mais devant "l'assemblée des citoyens". Le soir même, le maire de Paris autorise la distribution de la poudre mais se garde de donner des fusils.

Dès lors, rue Saint-Denis, rue Saint-Honoré, rue Saint-Martin, comme dans les faubourgs Saint-Marcel et Saint-Antoine, on ne parle plus que d'une chose : prendre les armes là où elles se trouvent.

14 JUILLET 1789
Hôtel des Invalides

3

La nuit n'a pas apporté d'armes et encore moins le calme. L'abbé Lefebvre, à l'Hôtel de Ville, a certes distribué de la poudre transportée de l'Arsenal jusqu'à 2 heures du matin, mais c'est bien peu pour chacun et rien pour tous !

Tous aux Invalides !

À 9 heures, 30 000 hommes sont massés devant la porte du gouverneur Sombreuil. Celui-ci tente de faire valoir le sacrilège qu'il y aurait à piller ce dépôt : seul le roi peut autoriser l'ouverture des portes de l'Hôtel des Invalides. Un courrier est parti à Versailles.

Une voix s'élève : "Les armes sont à la Nation !" C'est la ruée. À 11 heures, les insurgés ont distribué les 28 000 fusils sortis des caves des Invalides.

À la Bastille, le peuple des faubourgs commence à s'attrouper.

Les insurgés s'emparent des armes conservées dans l'Hôtel des Invalides au matin du 14 juillet 1789. Peinture de Jean-Baptiste Lallemand. © PMVP/Toumazet

La prise de la Bastille. Peinture de Jean-Baptiste Lallemand.

14 JUILLET 1789

Prison de la Bastille

4

Artisans, commerçants, chômeurs de la rue Saint-Antoine, des Halles et du faubourg Saint-Marcel marchent depuis le matin vers l'antique Bastille. Cette prison qui verrouille Paris à l'Est depuis trois siècles, symbolise la tyrannie royale et l'on sait que des barils de poudre s'entassent dans ses caves.

Le gouverneur de Launay, dans la nuit même, a fait braquer les onze canons vers le faubourg Saint-Antoine. La formidable forteresse est impressionnante mais protégée par une modeste garnison de trente-deux gardes suisses, secondée par quelque 80 Invalides.

Tandis que la foule gronde et grossit dans l'avant-cour, dite de l'Avancée, une délégation venue de l'Hôtel de Ville – où l'on s'alarme – demande à être reçue par le gouverneur. Vers 11 heures 30, celui-ci les invite à partager son repas : la conférence semble s'éterniser. Aux remparts, on voit des gardes reculer les canons. Est-ce pour les armer ? Les émissaires ont-ils été pris en otages ? Thuriot, délégué du district de Saint-Antoine arrive sur les lieux et veut forcer de Launay à négocier.

Page suivante : La bataille fait rage entre les soldats du peuple et les gardes suisses chargés de défendre la forteresse.

Arrestation du gouverneur de la Bastille, monsieur de Launay. © PMVP/Briant

La confusion grandit, l'agitation s'étend. Thuriot, déjà, est dans la seconde cour et somme de Launay de se rendre, de livrer la Bastille. Le gouverneur répète l'accord conclu avec les municipaux : si le peuple n'attaque pas, la garnison ne tirera pas. Cependant, les soldats du roi eux-mêmes veulent capituler. De Launay refuse de lever la grille de la troisième enceinte. L'état-major, inquiet de la colère qui grossit et de l'arrogance farouche de l'avocat du district propose à ce dernier de venir vérifier en haut des tours le retrait des canons.

Thuriot s'avance. Tout le faubourg Saint-Antoine est massé au pied de la forteresse, attendant l'issue des pourparlers. Au tout début de l'après-midi, le délégué ressort enfin… mais pour se rendre à l'Hôtel de Ville.

C'en est trop. La foule, exaspérée, suspecte une trahison et veut s'emparer de l'homme qui parvient à se dégager. La tension est à son comble. On veut en finir. À coups de hache, un charron s'attaque aux chaînes du premier pont-levis. Quand Thuriot et le procureur du roi reviennent de l'Hôtel de Ville, le peuple a investi la cour du gouverneur. Le bruit, les cris, rendent vains les appels au calme. On n'entend pas les sommations, à peine les tirs de la garnison depuis les remparts. Le faubourg enrage sous les balles.

Le marquis de Launay (1740-1789), exécuté le 14 juillet 1789 pour avoir fait tirer sur le peuple après avoir arboré le drapeau blanc. Estampe de Chenon et Cagliostro. © PMVP/Briant

Vers 16 heures, arrive un renfort de gardes français et de Parisiens en armes, conduits par Hulin (qui sera général sous Bonaparte). Quatre canons sont braqués vers la Bastille. De Launay menace de faire sauter la poudrière et avec elle tout le quartier. Mais dans les caves, les Invalides croisent les baïonnettes. De Launay, son état-major et les gardes suisses sont contraints à la reddition ; on leur promet la vie sauve. Hulin s'empare du gouverneur pour le conduire à l'Hôtel de Ville. Une immense clameur s'élève dans le ciel de Paris. Le peuple s'engouffre, délivre sept prisonniers, hagards. On relève les morts. Dans l'exaltation, on prépare un feu : toute la nuit, on dansera. La Bastille est prise.

Dès le 14 juillet 1789, le peuple commence à détruire la Bastille, symbole de l'arbitraire du pouvoir royal. © PMVP/Briant

14 JUILLET 1789

De la Bastille à l'Hôtel de Ville

5

La rue Saint-Antoine, aux mains du peuple victorieux, déchaîné, s'emplit des mouvements contraires de colonnes venant de la Bastille ou de l'Hôtel de Ville. C'est à grand-peine que Hulin se fraye un passage dans l'émeute, serrant contre lui le prisonnier qu'il veut protéger. Les injures, les coups et les crachats pleuvent sur le gouverneur qu'on reconnaît à son chapeau. Hulin le prend et s'en coiffe ; on s'acharne sur lui désormais, qu'on confond avec le traître, le suppôt du tyran. Un prisonnier est tué rue des Tournelles. La place de Grève (actuelle place de l'Hôtel-de-Ville) est noire de monde.

Hulin veut coûte que coûte abriter son prisonnier à l'Hôtel de Ville. Il résiste aux pressions de la foule, s'effondre, se relève, roule encore à terre. De Launay disparaît dans le tumulte. La rue veut du sang ; la tête du gouverneur est bientôt plantée au bout d'une pique. Deux autres prisonniers sont massacrés et suspendus à la lanterne à l'angle de la rue de la Vannerie (à l'emplacement de l'actuelle avenue Victoria) et de la place de Grève.

Deux prisonniers de la Bastille et le gouverneur de Launay sont exécutés par les émeutiers en place de Grève. Estampe de Letourmi. © PMVP/Briant

On voit sortir Flesselles de l'Hôtel de Ville, entouré d'orateurs du Palais-Royal qui veulent le conduire en jugement pour avoir refusé les munitions au peuple et l'exécuter. Plus expéditif encore, un anonyme ajuste le prévôt et tire ; Flesselles s'écroule, la tête fracassée.

Cependant, des gardes français demandent grâce pour les gardes suisses et trouvent des accents suffisamment pathétiques pour apaiser la soif de vengeance ; un moment, l'émeute devient généreuse. Une semaine plus tard, pourtant, le général Foullon et l'intendant Bertier de Sauvigny périront "à la lanterne". ■

Les journées d'Octobre

{ 5 et 6 octobre 1789 }

À la Constituante, deux groupes s'affrontent : le premier, redoutant désormais les effets de la Révolution, veut accorder au roi un veto absolu, le second se contenterait d'un veto suspensif. Cependant, au Club des députés bretons (les futurs Jacobins), les députés se considèrent "patriotes" et n'estiment devoir leur légitimité qu'au peuple.

Louis XVI refuse de sanctionner l'arrêt d'abolition de la féodalité. À la fin du mois de septembre, il s'oppose encore à la Déclaration des droits de l'homme votée le 26 août. Des patriotes rapportent que la sacrilège aurait aussi piétiné la cocarde tricolore.

À Paris, l'approvisionnement est difficile et les prix s'envolent sans que la municipalité et son maire, Bailly, ne parviennent à faire

L'Assemblée constituante réunie dans la salle du manège des Tuileries.
© PMVP/Lifermann

face. Les indigents qui ont fui les campagnes grossissent encore les rangs des chômeurs.

On ne manque toutefois pas de journaux qui alertent les Parisiens de l'imminence d'un complot contre-révolutionnaire visant à affamer le peuple. Plus que jamais, on s'agite au Palais-Royal. Le 4 octobre, des femmes sont venues y annoncer qu'elles iraient réclamer du pain au roi. L'idée a fait son chemin depuis qu'une première marche sur Versailles, un mois plus tôt, a été arrêtée par la garde nationale. Elle ne s'y opposera pas cette fois-ci.

Le 5 octobre, une foule rassemblée sur la place Louis-XV s'ébranle en direction de Versailles. Elle en ramènera dès le lendemain la famille royale.

Dès lors, le roi, l'Assemblée et le peuple révolutionnaire cohabitent dans Paris.

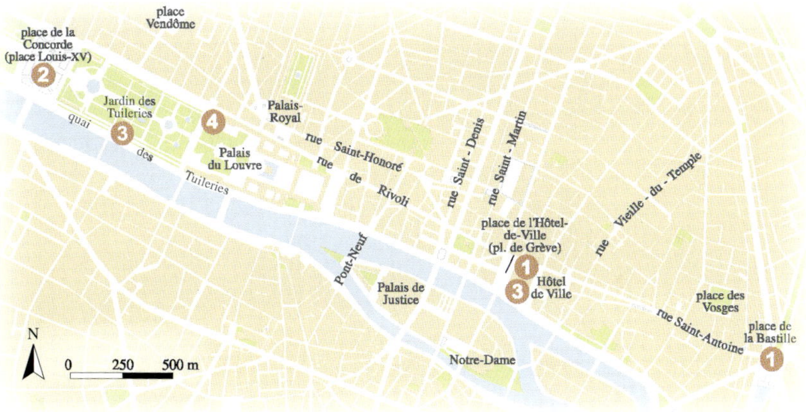

5 OCTOBRE 1789
De la Bastille à l'Hôtel de Ville

1

Au petit matin du lundi 5 octobre, les quelques volontaires veillant sur les ruines de la Bastille sont tirés de leur torpeur par un tumulte assourdissant... Des groupes de femmes débouchent sur la place réclamant du pain et des armes à grand renfort de roulements de tambour. Toute la nuit elles ont parcouru le faubourg, déclenchant rires et moqueries. À présent, plus personne n'est porté à prendre à la légère les dames des Halles qui s'engouffrent rue Saint-Antoine avec la ferme intention de mettre le feu à l'Hôtel de Ville.

Stanislas Maillard, un héros du 14 juillet, rassure les ouvriers du chantier de démolition qui craignaient un assaut, puis se précipite

Les dames de la Halle et autres femmes de Paris partant pour Versailles. Gravure de Janinet. © PMVP/Andreani

Stanislas Maillard (1763-1794), héros du 14 juillet, organise la marche des femmes du 5 octobre 1789. © PMVP/Ladet

place de Grève. Armées de piques, des sentinelles populaires montent la garde. Le tocsin sonne.

Des hommes en armes envahissent et pillent la Maison commune. Son gardien, l'abbé Lefebvre, celui-là même qui distribua la poudre aux révolutionnaires du 14 juillet, échappe de justesse au lynchage. Ni Bailly, le maire, ni La Fayette, commandant la garde nationale, ne sont présents. Maillard doit user de tout son prestige pour éviter un incendie et rétablir l'ordre.

"À Versailles ! À Versailles !", hurle la foule où beaucoup d'hommes semblent s'être déguisés en femmes. Le tumulte grandit et s'exaspère. Déjà des canons de la ville sont tirés par des Parisiennes. Maillard fait battre le tambour et descend sur la place de Grève, enfiévrée, rageuse malgré la pluie. Seule une marche sur Versailles peut canaliser ce flot furieux. Ordre est lancé de se rassembler place Louis-XV.

5 OCTOBRE 1789

Place de la Concorde

2

Toutes les bouches reprennent le mot d'ordre "À Versailles ! À Versailles !" En chemin, les poissardes des Halles entraînent le faubourg. Cuisinières repliées dans les arrière-boutiques, commerçantes ou grisettes sont happées par les clameurs guerrières ; on tente même d'enrôler quelques dames bien mises dont les voitures se sont égarées dans la foule. Sur la place noyée de pluie, Maillard et une centaine d'hommes organisent le départ. Il faudra bien six heures pour rejoindre Versailles.

Ci-contre : Le marquis de La Fayette (1757-1834), placé à la tête de la garde nationale et représenté ici avec la cocarde tricolore. Gravure de Bollinger. © PMVP/Giet

À midi, la longue marche commence. La fameuse Théroigne de Méricourt s'est placée en tête, montée sur un percheron. Hérissée de piques et de fourches, la troupe d'affamées et d'hommes en armes s'éloigne par la route de Chaillot. Les clameurs se dissipent, recouvertes par le bruit de la pluie.

À 18 heures, un nouveau cortège s'est formé. Celui-ci, plus martial, est composé de 25 000 cavaliers galopant ventre à terre en direction de Versailles. Au nom de la garde nationale et de la commune de Paris, La Fayette doit demander à Louis XVI de s'établir dans la capitale.

Affamées, les femmes des Halles décident d'aller réclamer du pain au roi à Versailles. Gravure de Lefèvre et Ary Scheffer. © PMVP/Coroyer

6 OCTOBRE 1789

De la porte de la Conférence à l'Hôtel de Ville

3

L'arrivée de la famille royale place Louis-XV escortée par le peuple et la garde nationale. Estampe de John Wells. © PMVP

Il fait déjà nuit quand une procession peu commune franchit le Point du Jour. Depuis midi, l'équipage royal fait route vers Paris sous une pluie battante, la longue file de carrosses et de chariots remplis de blé est escortée par des Suisses désarmés.

Jean-Sylvain Bailly (1736-1793), maire de Paris depuis le 15 juillet 1789. Peinture anonyme. © PMVP/Briant

Partout, des femmes des Halles, des mendiants, des enfants se glissent et se faufilent jusqu'à la voiture royale. À ses côtés, La Fayette caracole. "Le boulanger, la boulangère et le petit mitron" rentrent dans Paris. Il est 19 heures quand se dessine la masse sombre des Tuileries à la porte de la Conférence.

Bailly s'est avancé à la rencontre du cortège : "C'est un beau jour que celui où votre Majesté vient dans sa capitale, avec son auguste épouse, avec un prince qui sera juste et bon comme Louis XVI."

Marie-Antoinette et Louis XVI sont épuisés ; ils pensaient gagner immédiatement les Tuileries mais doivent encore assister à une cérémonie prévue en place de Grève. Le peuple, si terrifiant à Versailles, paraît plutôt bon enfant. Le carrosse reprend sa route sous les vivats. À l'Hôtel de Ville, Bailly adresse aux souverains un second message de bienvenue et transmet à la foule la réponse royale : "C'est toujours avec plaisir et confiance que je me vois au milieu des habitants de ma bonne ville de Paris."

Le couple royal, invité à se produire à la fenêtre, salue la foule massée sur la place. À la lueur des flambeaux, on les reconnaît : "Vive le roi ! Vive la reine !" La liesse du moment fait oublier les troubles d'hier : la Révolution se terminerait-elle en octobre 1789 ?

Vers 22 heures, Louis XVI et sa famille rejoignent sans escorte militaire les Tuileries, à l'abandon depuis presque 70 ans.

6 OCTOBRE 1789

Palais des Tuileries

4

Le palais est vide et silencieux, "Tout est bien laid ici, maman", avance timidement le jeune dauphin. On se débrouille pour trouver des chandelles. L'air frais s'engouffre par les vitres brisées et les corridors sans portes.

Marie-Antoinette, reine de France (1755-1793). © PMVP/Degraces

Gouvernantes et domestiques s'installent vaille que vaille pour la nuit sur d'inconfortables banquettes. La famille royale s'entasse dans le pied-à-terre que Marie-Antoinette s'était fait aménager en prévision de ses séjours parisiens. Fourbu et apparemment peu sensible aux circonstances, Louis XVI affiche sa satisfaction : "Que chacun s'installe comme il peut, moi je suis content", dit-il en s'allongeant sur un lit de fortune.

Le lendemain, le peuple est massé devant les portes et réclame la reine. Très maîtresse d'elle-même, celle-ci paraît sur la terrasse et distribue aux femmes des rubans de son chapeau. On s'en va, on l'acclame. Plusieurs fois dans la journée, Louis XVI doit, lui aussi, se montrer aux fenêtres de l'appartement qu'on lui aménage au premier étage. Le roi est bien prisonnier de Paris et des Parisiens. Pour l'heure,

Louis XVI fait aumône de six francs à un enfant du peuple, celui-ci s'écrie : "Oh ! Monsieur je n'ai pas de quoi vous rendre."

Le palais des Tuileries, devenu résidence royale le 6 octobre 1789. Peinture de Nicolas Jean-Baptiste Raguenet. © PMVP/Abdourahim

il faut faire bonne figure et régler les questions d'intendance. Meubles, vaisselles, tapisseries sont rapportées à la hâte de Versailles. Seule l'aile du palais donnant sur les jardins est habitable, mais il est exclu d'y mener une vie de cour comme si de rien n'était. D'ailleurs, beaucoup d'aristocrates, à la suite du comte d'Artois, ont déjà émigré. Une vie de famille s'organise donc, comme elle peut, sous le regard curieux des Parisiens, au milieu des allées et venues des gardes nationaux, geôliers autant que sentinelles, qui arpentent le palais et les allées du parc.

La présence du roi à Paris a calmé les esprits : on ne redoute plus désormais ni assiégeants ni affameurs. Cette monarchie en résidence surveillée ne saurait être toutefois du goût de Marie-Antoinette. La fille de l'impératrice d'Autriche, plus que tout autre sans doute, ressent au plus profond d'elle-même l'humiliation faite à son rang. ■

1793

L'exécution de Louis XVI

{ 21 janvier 1793 }

En 1791, la Constituante peut croire la Révolution terminée. L'œuvre, immense, est accomplie et les tensions se sont apaisées… sauf sur la question religieuse. La constitution civile du clergé est fermement rejetée par le Pape. Les catholiques sont divisés et les prêtres "jureurs" – ceux qui acceptent de prêter serment sur la Constitution – s'opposent désormais aux "réfractaires". L'Assemblée autorise cependant Louis XVI à assister à la messe du lundi de Pâques 1791, célébrée par un réfractaire, à Saint-

Prise d'assaut des Tuileries le 10 août 1792, Louis XVI et sa famille sont transférés à la prison du Temple. Estampe de Texier. © PMVP/Andreani

Cloud. Le peuple, redoutant que la ferveur royale ne masque un projet de fuite, empêche le départ. L'échappée royale, annoncée préventivement à plusieurs reprises par Marat, aura bien lieu, mais deux mois plus tard, dans la nuit du 20 au 21 juin. Louis XVI et sa famille ont pris la route de Metz ; ils sont arrêtés à Varennes et ramenés à Paris le 25. Cette fuite est présentée dans la version officielle comme une tentative d'enlèvement. Le 15 juillet, on décrète l'inviolabilité

Le procès de Louis XVI à la barre de la Convention le 26 décembre 1792. Estampe de Schia Vonetti et Miller. © PMVP/Andreani

de la personne du roi. Dès le lendemain, les Jacobins lancent une pétition pour la déchéance du souverain. Le 17, ils la soumettent aux Parisiens au Champ-de-Mars ; en application de la loi martiale interdisant les rassemblements publics, La Fayette ordonne à la garde nationale d'ouvrir le feu sur la foule.

Les fragiles équilibres se rompent. La volonté de revanche des émigrés repliés à Coblence fait écho aux accents guerriers de l'Assemblée ; à gauche, on pense tirer un double bénéfice d'un conflit qui obligerait le roi à choisir explicitement son camp et qui émanciperait les peuples d'Europe. Le 20 avril 1792, c'est la guerre. Louis XVI ne dispose que d'une marge de manœuvre réduite et ne peut qu'espérer une victoire des monarchies étrangères. Mais la tension

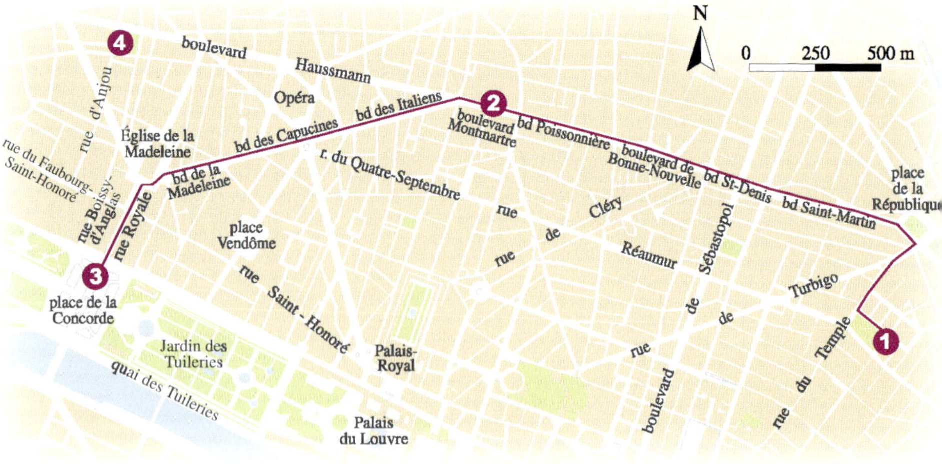

aux frontières accentue également les fractures intérieures ; Robespierre réclame maintenant la destitution du souverain. Et quand la Prusse menace de détruire Paris en cas d'atteinte à la personne royale, les sans-culottes prennent d'assaut les Tuileries, le 10 août 1792. La famille royale, repliée à l'Assemblée, dans la salle du Manège, est arrêtée et incarcérée au Temple.

L'agitation des menaces contre-révolutionnaires, réelles et imaginaires, justifie les restrictions des libertés, les massacres de prisonniers, les premières épurations. Robespierre triomphe à la Convention.

Louis le dernier et sa famille conduits au Temple le 13 août 1792. © PMVP/Andreani

Le 11 janvier 1793, cette même Convention déclare à l'unanimité : "Louis Capet coupable de conspiration contre la sûreté générale de l'État." Le 18, au terme d'un appel nominal qui a duré 36 heures et sous la pression des sectionnaires dans les tribunes, la Convention condamne à la majorité absolue de 361 voix Louis Capet à mort. Le 20, le sursis est rejeté par 380 voix contre 310. "Louis le dernier" est guillotiné, le 21 janvier, place de la Révolution.

Plaque apposée sur l'actuelle mairie du 3e à l'emplacement du donjon du Temple où fut incarcérée la famille royale. © S. Ageorges

21 janvier 1793

158, rue du Temple

1

Le roi se réveille à 5 heures. Cléry, son valet, a préparé un feu et assiste le souverain dans sa toilette qui rejoint ensuite l'abbé Edgeworth, son confesseur, dans le cabinet de la Tourelle. Une heure plus tard, très maître de lui et serein, c'est avec une grande ferveur que Louis assiste à sa dernière messe.

Dehors, les sectionnaires, alertés par la garde nationale, commencent à se rassembler. Sur les conseils d'Edgeworth, Louis XVI épargne à Marie-Antoinette et au dauphin la déchirante épreuve des derniers adieux. L'agitation grandit ; les gardes, craignant une tentative d'enlèvement par les contre-révolutionnaires, entrent sans cesse dans la chambre. Il est 7 heures. Louis XVI confie ses dernières

La tour du Temple à l'époque de la Révolution. C'est d'ici même que Louis XVI partit pour l'échafaud le 21 janvier 1793. © PMVP/Delepelaire

Séparation douloureuse de Louis XVI avec sa famille. © PMVP/Toumazet

La famille royale au Temple représentée trois jours après l'exécution de Louis XVI. Estampe de Mariano Bovi. © PMCP/ Toumazet

volontés à l'abbé et le prie de dire à sa femme qu'il "la quitte avec peine" ; il lui remet son cachet pour le dauphin, son alliance pour Marie-Antoinette. Les gardes refusent que Cléry lui coupe les cheveux.

Dehors, le bruit grandit alors qu'un épais brouillard enveloppe le jour glacial. Santerre, le général de la garde nationale, se présente, entouré de gendarmes et de municipaux.

"Je suis en affaire", lâche le condamné qui s'agenouille devant l'abbé Edgeworth pour recevoir sa bénédiction. Le roi se relève enfin et, d'un pas décidé, rejoint Santerre, confie son testament à Jacques Roux. "Allons, partons !", invite-t-il d'une voix forte et en frappant du pied. Dehors, dans la première cour, il se retourne par deux fois vers la tour du Temple. À aucune des fenêtres, les siens n'ont paru.

21 janvier 1793
Du Temple à la place de la Concorde

2

Il est un peu plus de 9 heures quand une voiture verte, fermée, sort de la seconde cour de la prison du Temple. Louis XVI, l'abbé Edgeworth à ses côtés, ainsi que deux gendarmes y ont pris place. Santerre dirige l'escorte. Tournant à droite rue du Temple, le cortège rejoint les nouveaux cours, vastes avenues plantées d'arbres qui se succèdent jusqu'à la paroisse de l'église Sainte-Madeleine, en haut de la rue de la Révolution (actuelle rue Royale).

Dans sa voiture close, le roi ne peut voir la foule massée sur le parcours. Entend-il de rares femmes crier "Grâce ! Grâce !" ?

Contraints par les gardes nationaux, les Parisiens ont dû sortir de chez eux. Dans la nuit, des billets ont été glissés sous les portes invitant le peuple à sauver son roi. Les conventionnels, qui savent guère populaire l'exécution du souverain, redoutent quelque action des royalistes. Sur tout le parcours, les sectionnaires en armes et les gardes nationaux sont aux aguets. Un morne silence plane sur la ville.

On s'agite soudain à hauteur de la rue de Cléry. Le baron de Batz – fidèle soutien de la famille royale qui a notamment financé la fuite à Varennes – assiste impuissant à la mort de trois de ses hommes mais parvient à s'enfuir. Son projet d'enlèvement vient d'échouer : sur les quelque trois cents royalistes qui devaient maîtriser la garde nationale et arracher le roi à son sort, à peine une poignée est venue au rendez-vous.

Le cortège poursuit sa route aux pas lents des chevaux. Il est presque 10 heures quand les représentants du département de Paris, les juges et les commissaires municipaux rejoignent leurs places dans l'Hôtel de la Marine pour assister au déroulement de l'exécution. Quelques minutes plus tard, le curé jureur des Gravilliers, Jacques Roux, fait son entrée. Ayant tourné à gauche dans l'ancienne rue Royale, le cortège conduit par Santerre arrive sur la place de la Révolution (actuelle place de la Concorde).

La porte Saint-Denis et l'actuel boulevard de Bonne-Nouvelle. À droite, on aperçoit la rue de Cléry, théâtre de la tentative d'enlèvement du roi. Peinture de Lebelle. © PMVP/Joffre

21 janvier 1793

Place de la Concorde

3

En haut : Louis XVI à l'échafaud, accompagné de son confesseur l'abbé Edgeworth. Estampe de Cazenave. © PMVP/Toumazet

En bas : Le roi s'adresse une dernière fois au peuple de Paris. Dessin de Baudouin. © PMVP/Briant

La voiture verte s'avance jusqu'au pied de l'échafaud et s'arrête. "Nous voilà arrivés, si je ne me trompe", murmure le souverain à l'abbé Edgeworth. Un aide ouvre la portière. Le roi recommande son confesseur puis descend et fait face aux marches raides en haut desquelles se dresse la guillotine. La terrible machine est installée face aux Tuileries, entre le piédestal qui supportait la statue "du ci-devant Louis XV" et le bas des Champs-Élysées.

Le roi ôte lui-même son habit, le col de sa chemise, proteste qu'on veuille lui attacher les mains. Edgeworth l'exhorte d'accepter cette ultime humiliation. Enfin, on lui coupe les cheveux. Le condamné,

appuyé au bras de l'abbé, gravit lentement les marches de son supplice. Brusquement, il se dégage et se cramponne à la balustrade pour clamer à la foule : "Peuple, je meurs innocent ! Je pardonne aux auteurs de ma mort ! Je prie Dieu que mon sang ne retombe pas sur la France !"

Aussitôt, les quatre bourreaux se saisissent de lui, le sanglent sur la planche tandis que les roulements de tambours couvrent ses hurlements. Le couperet tombe. Il est 10 heures 22 ce 21 janvier 1793 ; le roi de France est mort.

Le bourreau montre sa tête au peuple et fait lentement le tour de l'estrade. Une immense clameur – "Vive la République !" – retentit, suivie par un épais silence. La foule se disperse ; certains, sous l'échafaud, trempent leur mouchoir dans le sang royal.

À dix heures et demie du matin, Louis Capet eut la tête tranchée sur la place de la Révolution. Le bourreau montre la tête du supplicié en spectacle au peuple.

"Apothéose de Louis XVI.
Ce vertueux monarque est reçu au séjour des bienheureux par Saint-Louis, Louis XII, Louis XIV et Louis XV, ses illustres aïeux."
Estampe de Dulompre et Chasselat. © PMVP/Joffre

21 janvier 1793

Square Louis-XVI

4

La Convention a décidé que l'inhumation aurait lieu au cimetière Sainte-Madeleine (actuel square Louis-XVI). La veille, le citoyen Picavez, curé de la paroisse, informé des mesures voulues par le conseil exécutif de la République et le département de Paris, a fait creuser une fosse le long de la rue d'Anjou. La dépouille royale sera déposée sur un lit de chaux vive, puis recouverte de la même façon. De la terre sera jetée et foulée.

Picavez et ses deux vicaires, Renard et Damoreau, attendent avec les commissaires Leblanc et Dubois l'arrivée du corps.

Le cimetière Sainte-Madeleine est peu éloigné de la place de la Révolution.

Une charrette sous bonne escorte emprunte rapidement la rue de la Bonne-Morue (actuelle rue Boissy-d'Anglas), qui longe le ministère de la Marine, pour rejoindre la rue du faubourg Saint-Honoré et la rue d'Anjou.

Un détachement de gendarmes à pied transporte le cadavre près de la fosse.

Le square Louis-XVI où fut inhumé le corps du souverain. Un mausolée a été érigé sous la Restauration, de 1816 à 1826. À l'intérieur, un petit oratoire permet de se recueillir sur le tombeau du roi (ci-contre). © J. Lebar

Le corps de Louis XVI, dont la tête a été placée entre les jambes, est revêtu d'une chemise, d'une veste piquée en forme de gilet, d'une culotte de draps gris et d'une paire de bas de soie. Il n'a ni souliers ni cravate. Leblanc et Dubois, ayant reconnu sans conteste l'identité du mort, dressent le procès-verbal d'inhumation de Louis Capet. Les prêtres jureurs achèvent leurs prières tandis que les fossoyeurs se hâtent de lancer leurs pelletées de terre. ■

THERMIDOR :
LA CHUTE DE ROBESPIERRE
{ 27 ET 28 JUILLET 1794 }

Les guerres extérieures, les soulèvements royalistes, la ruine de l'assignat et l'indigence populaire paraissent sceller le sort de la Révolution. Paris est soumise à la terreur des sans-culottes. En mai 1793, c'est la chute des Girondins. L'unité factice de la Convention ne résiste pas au développement des luttes intestines.

L'inflation et le chômage exaspèrent artisans et ouvriers. Les sectionnaires, de plus en plus menaçants, réclament une loi sur le maximum général des prix. Cependant, Robespierre, favorable au secours public pour les indigents, s'oppose à une économie dirigiste. Les lois de Ventôse (début 1794) prévoient la saisie des biens "des ennemis de la Révolution" pour secourir les miséreux "patriotes".

Représentation de la Terreur. À gauche, un ange vengeur porte le panier municipal plein des têtes des suppliciés.

La Terreur, "à l'ordre du jour" depuis le 5 septembre 1793, s'étend : délations, arrestations et exécutions se multiplient. La Révolution dévore ses enfants l'un après l'autre. Pour les Montagnards, la menace extérieure justifie cette tyrannie. Or, les victoires de 1794 n'empêchent pas Robespierre de livrer au tribunal révolutionnaire Danton et ses "indulgents". En juin, 2 000 têtes tombent place de la Nation. Le 8 Thermidor, "l'Incorruptible" menace les "tièdes" à la tribune du Manège. Inquiétés, Tallien, Barras et Fouché décident de renverser le tyran et rallient la Plaine. Ils savent que les faubourgs, accablés par la misère, ne se soulèveront pas.

Maximilien de Robespierre (1758-1794) présentant la Déclaration des droits de l'homme et du citoyen au club des Jacobins. Estampe de Langelot.

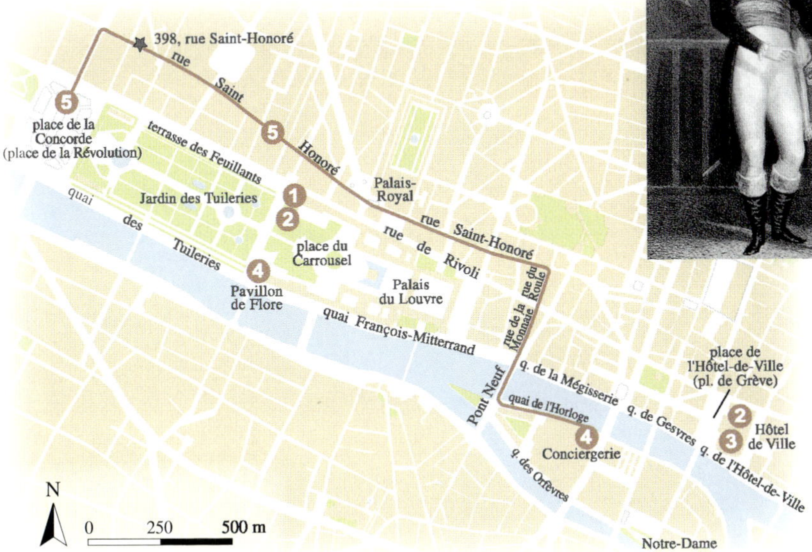

9 Thermidor (27 juillet 1794)

Siège de la Convention, aux Tuileries

1

Robespierre veut parler à la tribune. Alors que les Conventionnels laissent l'ordre du jour se dévider suivant la routine, Saint-Just patiente, lui aussi, son discours à la main. La chaleur est accablante. Enfin, le jeune homme se lève ; aussitôt Tallien, Verdier, Billaud-Varenne l'interrompent. À la tribune, Tallien, dominant le vacarme des Montagnards, accuse Robespierre d'aspirer à la dictature. Empêcher d'agir ce nouveau Cromwell – à cet instant, Tallien brandit un poignard — voilà l'unique mission de la Convention. Il faut décréter la mise en accusation de l'Incorruptible.

Saint-Just demeure interdit, repose ses papiers. Robespierre veut se défendre dans le tumulte grandissant. L'atmosphère est irrespirable ; les conjurés jouent leur vie dans cette partie et l'anxiété le dispute à l'ardeur : on prononce les arrestations d'Hanriot, chef de la garde nationale, et de Dumas, président du Tribunal révolutionnaire. Voici Robespierre privé des deux soutiens de la Terreur. Barrère bondit à la Tribune. C'est lui qui avait présidé la Convention lors du procès du roi et s'était opposé à l'appel au peuple. Il est habile ; on le laisse faire. Robespierre est sauf, mais seul. Les comités sont maintenus. Le coup paraît manqué.

Ci-dessus : Louis Antoine de Saint-Just (1767-1794), il fut avec Robespierre un des principaux artisans de la Terreur. Peinture anonyme. © PMVP/Ladet

À droite : Robespierre à la société des Jacobins, la veille de son arrestation le 26 juillet 1794. Estampe de Denis-Auguste-Marie Raffet et de Dutillois. © PMVP/Degraces

La tension retombe ; on se distrait un temps de l'intervention de Vadier qui veut à tout prix compromettre Robespierre dans une obscure histoire d'ésotérisme. Maximilien esquisse un pâle sourire. Mais Tallien ne désarme pas : "Ramenons la discussion à son vrai point" : c'est-à-dire au gouvernement des comités et à leur chantre, Robespierre lui-même. Le silence succède aux murmures. Robespierre ne trouve plus aucun soutien parmi les conventionnels et apostrophe Tallien : "Pour la dernière fois, président d'assassins, je te demande la parole !" Collot d'Herbois a cédé sa place à Thuriot, horrifié et muet depuis le procès et la mort de Danton. C'est l'heure de la justice. La voix tonnante du grand tribun semble sortir d'outre-tombe en celle, retrouvée, de Thuriot. "Le sang de Danton t'étouffe !", crie le député de l'Aube.

Saint-Just est encore au pied de la Tribune. Des voix anonymes s'élèvent des travées. Accusation ! Arrestation ! L'Assemblée reprend le mot comme un seul homme. Lebas et Augustin Robespierre, le frère de Maximilien, se constituent prisonniers. Thuriot met immédiatement aux voix : l'accusation est votée à l'unanimité. Il est 14 heures ; Robespierre, son frère, Lebas, Couthon et Saint-Just, sont arrêtés et évacués sous les huées.

Déjà, l'incroyable nouvelle s'est répandue dans Paris : la Terreur est finie.

Mais, à l'Hôtel de Ville où siège la Commune, on s'est tenu informé d'heure en heure des événements du Palais National. Fleuriot-Lescot, le maire, veut appeler le peuple à l'insurrection pour libérer l'Incorruptible.

À gauche : François Hanriot (1761-1794), chef de la garde nationale, partisan de Robespierre. © PMVP/Ladet

Ci-dessous : Place de Grève, la garde nationale vient arrêter Robespierre et ses partisans pour les conduire à la Conciergerie. Estampe de Helman et Charles Monnet. © PMVP/Svartz

Thermidor (27 juillet 1794)
Des Tuileries à l'Hôtel de Ville

2

Les gardes nationaux arpentent la rue, battant tambour. Le tocsin, depuis 19 heures, appelle le peuple aux armes. Les portes de la ville sont fermées. La nuit tombe.

Quarante-cinq condamnés sont sortis tout à l'heure de la Conciergerie. Par les quais, puis la rue Saint-Antoine, ils ont rejoint la place de la Nation. On pensait pourtant que ce jour ne connaîtrait pas d'exécutions mais ces hommes, ces femmes, ces enfants sont bien promis à Samson, le bourreau. "Grâce ! Grâce !", crie le faubourg. Hanriot se précipite sabre au clair et disperse les protestataires. Le couperet tombe.

Fleuriot-Lescot se demande si le peuple soutiendra Robespierre contre la Convention. Sur 48 sections, seules 16, bien armées cependant, ont répondu à son appel.

Ni au Luxembourg ni à la Conciergerie, les geôliers n'ont voulu emprisonner les Jacobins. Robespierre s'est retrouvé quai des Orfèvres dans les locaux administratifs de la police. Ses amis et partisans, emmenés par Coffinhal, l'enlèvent pour le mettre à l'abri à l'Hôtel de Ville : "Vous me perdez ! Vous perdez la République !", ne cesse de crier l'Incorruptible qui entend qu'on lui applique la procédure régulière.

De son côté, la Convention a repris sa séance : il lui faut vaincre la Commune, qui veut faire du "tyran" le maître de la ville. Le Palais National est encerclé, le pavillon de Flore désert, mais Hanriot, incapable d'initiatives, n'a pas fait attaquer la Convention. Les sectionnaires sont repartis par les quais. Le silence retombe sur la place du Carrousel.

Entre les Tuileries et l'Hôtel de Ville, c'est un chassé-croisé incessant de Conventionnels et de Jacobins. Au coin des rues, on voit s'éteindre puis se rallumer la lueur des torches. Les Thermidoriens tentent le tout pour le tout : le tyran mis "hors-la-loi" doit être arrêté. À cette fin, on va rue de la Perle s'assurer des services de Barras, homme des basses œuvres qualifié pour les opérations troubles. Barras et sa troupe inspectent les alentours de la place de Grève sans y trouver personne. Un orage a dispersé les derniers partisans en armes. Il est une heure avant minuit. Sur les places, sous les fenêtres closes, on lit les décrets d'arrestation de Robespierre.

10 Thermidor (28 juillet 1794)
Hôtel de Ville

3

Robespierre a repoussé l'appel à l'insurrection de Saint-Just, Coffinhal et Couthon. Sait-il que les derniers canonniers ont déserté la place de Grève ?

Des séides de la Convention dirigés par Merda pénètrent dans l'hôtel de la Commune se faisant passer pour Jacobins. Merda, pistolets dissimulés, se dit envoyé secret. Les sectionnaires postés dans

Robespierre est blessé d'un coup de feu au visage avant d'être emprisonné à la Conciergerie.
© PMVP/Briant

les couloirs s'interrogent. En cette étrange nuit, tout est possible. On le laisse accéder à la salle agitée du secrétariat. Robespierre est au fond, penché en avant dans un grand fauteuil, la tête appuyée sur sa main gauche, silencieux.

Merda a-t-il tiré ou Robespierre s'est-il saisi de son arme ? Toujours est-il que l'Incorruptible s'effondre, grièvement blessé à la mâchoire.

Lebas se suicide. Augustin Robespierre se défenestre mais ne se tue pas. Couthon, atteint à son tour, ne peut s'enfuir. Coffinhal, furieux, projette Hanriot par la fenêtre.

Saint-Just, le seul qui soit encore valide, demeure pensif : sa république ne verra pas le jour : "Je méprise la poussière qui me compose et qui vous parle ; on pourra la persécuter et faire mourir cette poussière ! Mais je défie qu'on m'arrache cette vie indépendante que je me suis donnée dans les siècles et dans les cieux."

Un triste cortège quitte l'Hôtel de Ville à la lueur des torches dans la nuit profonde. Par les quais, il s'en va rejoindre le siège de la Convention.

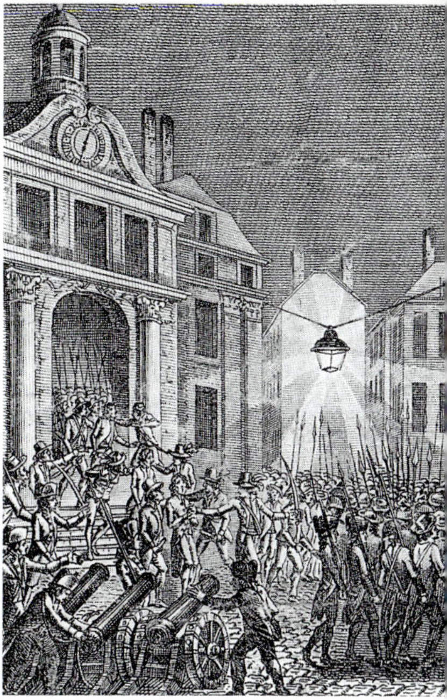

"Peuples séduits, victimes immolées. Vos clameurs ont du monstre hâté les destinées." L'arrestation de Robespierre dans la nuit du 27 au 28 juillet 1794.

10 Thermidor (28 juillet 1794)
De la Convention à la Conciergerie

4

Pour Thuriot, il est hors de question que le tyran et sa suite pénètrent dans le sanctuaire de la République. Qu'on les garde au siège des Comités ! La foule rebrousse chemin vers le pavillon de Flore.

Dans une salle de la sûreté générale, sur une longue table, on étend Robespierre, exsangue, toujours inconscient. Volera-t-il sa propre fin à "la grande égalisatrice" ? On place un billot de bois sous sa tête, pour la soutenir. On contemple ce presque cadavre dans la lueur jaunâtre des lampes à huile : "Votre majesté souffre-t-elle ?"... Saint-Just, les yeux rougis, se tait.

Vers 6 heures, deux médecins militaires tentent de contenir l'hémorragie. Au terme d'une pénible intervention, ils pansent la tête du "monstre (...) tranquille en apparence" et l'entourent d'un énorme bandage.

La Convention reprend sa séance. À 10 heures, une forte escorte de municipaux accompagne Robespierre, transporté en civière, à la Conciergerie. Sa cellule est presque voisine de celle de Marie-Antoinette. Couthon, Dumas, Saint-Just, Augustin Robespierre

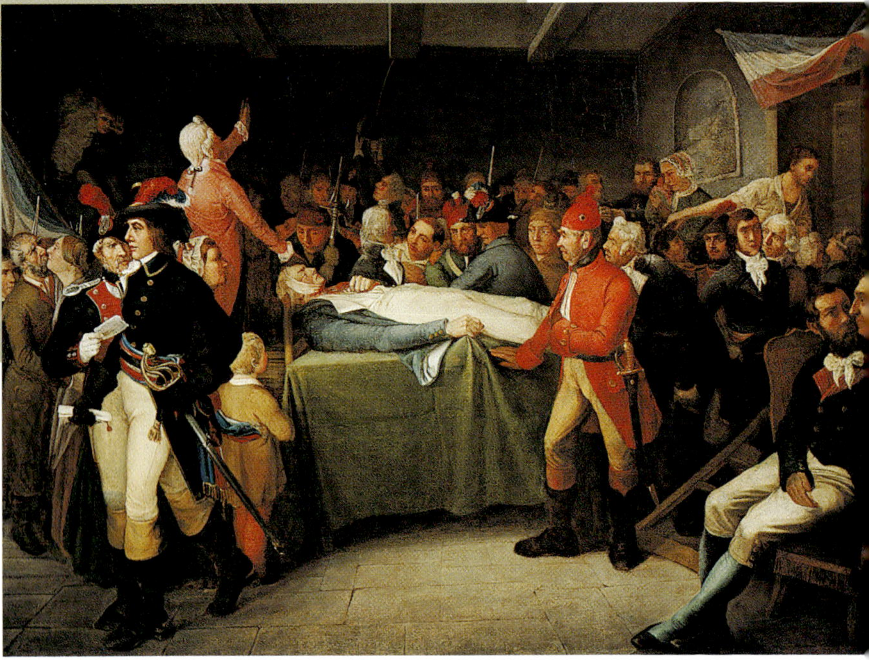

Robespierre blessé est soigné au Comité de salut public. Le "monstre" ne doit pas se soustraire à son jugement. Peinture anonyme.

et Hanriot sont à leur tour jetés dans les geôles de la Terreur. Coffinhal a pu s'échapper.

Fouquier-Tinville n'a pas la tache facile, lui qui doit faire fonctionner un tribunal Révolutionnaire dépourvu de son président, mais aussi des deux commissaires chargés habituellement d'établir l'identité des prisonniers : ceux qui administraient la justice révolutionnaire en sont désormais les accusés. On trouve de nouveaux assesseurs et le tribunal peut laisser tomber un verdict sans surprise : la mort.

10 Thermidor (28 juillet 1794)
De la Conciergerie à la Concorde

5

Il est 17 heures quand deux tombereaux sortent de la cour de la Conciergerie. Dans le premier ont pris place Maximilien Robespierre, son frère Augustin, Couthon – agonisants tous les deux – Hanriot et Saint-Just. Dans le second s'entassent les derniers partisans de l'Incorruptible en ces deux jours de Thermidor.

Les faubourgs, accablés de misère, n'ont pas bougé. Quai de l'Horloge, sur le Pont-Neuf, rue du Roule, une foule immense crie : "À la guillotine !" Les fenêtres ont été prises d'assaut ; à prix

d'or, on s'est arraché les meilleures places. Rue de la Convention, (actuelle rue Saint-Honoré) les hurlements redoublent : "À mort le tyran ! À mort la Terreur !"

Le convoi ralentit, s'arrête à hauteur du 398, rue Saint-Honoré, où demeurait Robespierre et dont les portes et les volets sont fermés. Une danse macabre de tricoteuses en cheveux entoure la charrette. Un enfant muni d'un seau rempli de sang de bœuf y trempe son balai et, au rythme furieux des hurlements vengeurs, badigeonne les murs.

On repart. La place de la Révolution n'est plus très loin. Exceptionnellement, c'est là que la Convention a fait dresser le bois du supplice. Augustin et Couthon, inconscients, sont portés sous le couperet. Saint-Just ne se départit pas de son silence jusqu'au dernier instant. Robespierre, le dernier, monte, ferme et sans aide, l'étroite échelle. Il gémit quand on lui arrache son pansement. Le couperet tombe. Une ovation immense, folle, délivrée emplit le ciel déjà rosi du crépuscule. ■

Robespierre et ses partisans allant au supplice. On peut distinguer au fond le nom de Duplay, famille chez qui logeait Robespierre. Estampe de Paroinel et Marckl. © PMVP/Pierrain

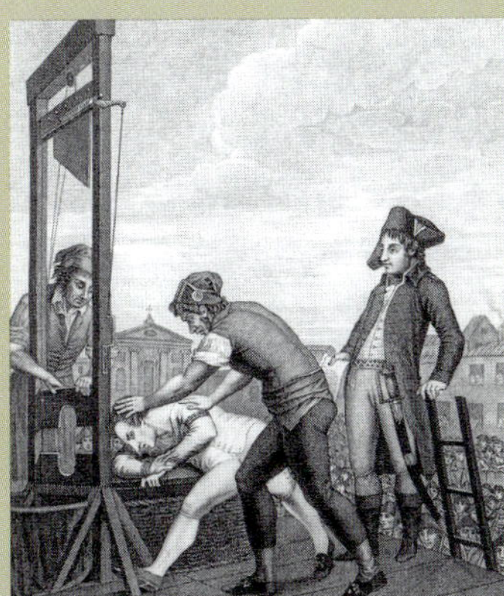

"La mort de Robespierre, renversé de son trône sanguinaire et cherchant à éviter le supplice auquel, sans remords, il avait condamné tant de millions d'innocentes victimes." Estampe de Idnarpila. © PMVP/Lifermann

Le 18 Brumaire

{9 novembre 1799}

Le Directoire veut "terminer la Révolution", garantir les libertés publiques et la propriété, réduire l'agitation jacobine comme royaliste, lutter contre les désordres qui ruinent le pays. Cependant, les Thermidoriens n'ont guère les moyens de leur politique. L'État est au bord de la banqueroute ; ceux qui sont présumés le servir se sont d'abord préoccupés, tels Barras ou Tallien, d'amasser des fortunes. Outre sa corruption, une des grandes fragilités du régime tient au renouvellement annuel de ses assemblées qui nomment les Directeurs. D'élections annulées en manœuvres diverses, les majorités se font et se défont sans qu'il soit possible de réduire cette instabilité chronique.

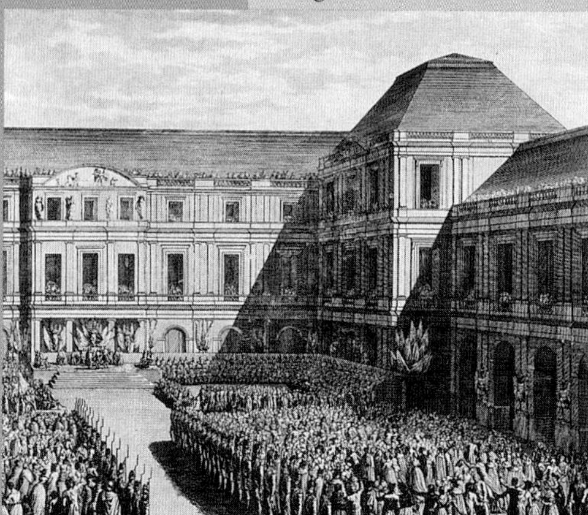

Fête donnée en l'honneur du général Bonaparte, vainqueur de la campagne d'Italie en 1797. Estampe de Berthault et Girardet. © PMVP/Habouzit

Toute perspective de révision de la constitution étant écartée du fait de sa longueur, il ne reste guère qu'une issue : le coup d'État. C'est ce à quoi songe Sieyès, nouvellement élu Directeur. Quel sabre pourra-t-il employer au service de son projet ? Bernadotte et Jourdan sont trop proches des Jacobins, Moreau refuse et Joubert est tué à Novi.

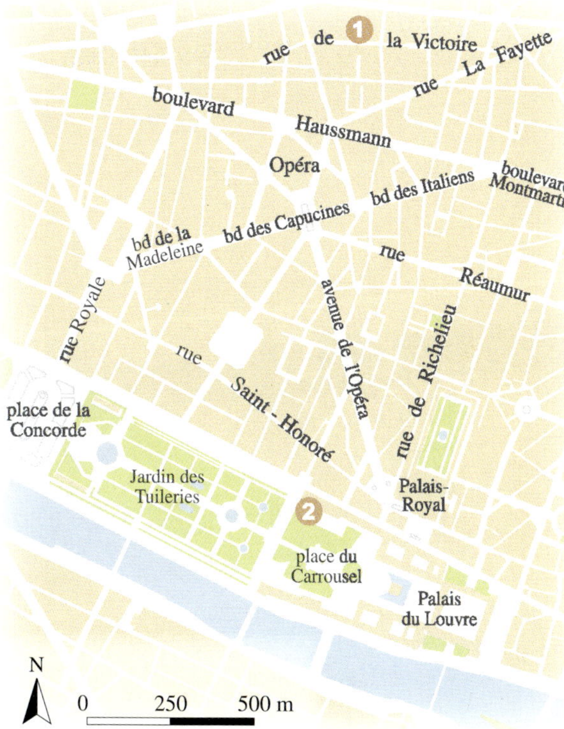

En octobre 1799, le général Bonaparte revient de l'expédition d'Égypte. L'aura de celui que Barras avait cherché à éloigner en raison de son immense popularité est intacte. À Paris, les théâtres ferment pour que la population puisse accueillir son héros. On se souvient opportunément que ce Bonaparte avait refusé d'assister à l'exécution de Louis XVI, mais aussi qu'il a su réprimer sans faiblesse l'insurrection royaliste de Vendémiaire. Le vainqueur de la campagne d'Italie est couvert de gloire mais ne saurait se contenter de hauts faits militaires ; c'est en politique qu'il doit triompher.

Sieyès ne tergiverse pas plus longtemps : le règne de Barras doit finir. Bonaparte et Sieyès, nécessaires l'un à l'autre, s'accordent vite. Le plan du Directeur consiste à créer une vacance de l'exécutif par un coup d'État parlementaire : les présidents des deux conseils – des Anciens et des Cinq-Cents – Lemercier et Lucien Bonaparte, soutiennent la conspiration. Barras se laissera acheter et démissionnera. Le corps législatif se transportera hors de Paris, à Saint-Cloud, pour prévenir toute réaction jacobine.

Costumes de différents représentants du peuple français et des fonctionnaires publics.

Le 18 Brumaire se déroula comme il était prévu mais faillit sombrer dès le lendemain quand Bonaparte fit donner la garde dans l'enceinte des assemblées pour réduire au silence les députés jacobins. Au soir, le calme revenu, Fouché, assuré du succès de la conjuration, ouvrait les portes de Paris. Mais, de parlementaire le coup d'État était devenu militaire.

18 Brumaire (9 novembre 1799)
58-60, rue de la Victoire

1

Prévu le 16 Brumaire, le coup d'État est reporté de deux jours, le temps que tous les contacts soient pris et qu'on s'assure des hommes. Les conjurés de Brumaire ne seront pas ceux de Thermidor !

Bonaparte a peu dormi dans la nuit qui précède le grand jour. La veille, lors d'un grand dîner chez Cambacérès, le général Jourdan, dont les penchants pour les Jacobins ne font pas mystère, a assuré Bonaparte de sa neutralité. Fouché, ministre de la Police bien informé de la conspiration, n'en a avisé que Gohier, président du

Directoire. Barras, pour sa part, ne se doute de rien et ce ne sont pas les insipides rapports de police qu'on lui communique qui risquent de l'alarmer.

Dès 6 heures, les officiers impatients de voir Bonaparte depuis son triomphal retour d'Égypte se pressent rue de la Victoire. Chacun pensait être reçu en audience particulière mais tous se retrouvent dans l'antichambre encombrée de l'hôtel de Beauharnais. Le général Moreau, très opposé aux Jacobins et suspect aux yeux du Directoire de pensées royalistes, accepte de soutenir la conspiration. Murat et Sébastiani, sans aucun ordre officiel, partent disposer leurs troupes aux abords du Luxembourg, siège du conseil des Cinq-Cents, et des Tuileries, où doit se tenir l'assemblée extraordinaire des Anciens. Gohier, président du Directoire, n'est pas là et s'est contenté d'envoyer sa femme en observatrice ; elle repart aussitôt l'avertir de l'effervescence générale.

Vers 9 heures, les députés Cornet et Baraillon accompagnés d'huissiers pénètrent dans l'hôtel de Beauharnais et annoncent au général, au nom du Conseil, les décisions de l'assemblée : Bonaparte est placé à la tête de l'armée et le corps législatif transféré à Saint-Cloud. Il est temps d'aller prêter serment au Palais national.

Ci-dessus : Le 18 Brumaire an VIII, à la pointe du jour, Napoléon s'assure du dévouement des officiers de la garnison de Paris et des généraux les plus distingués. © PMVP/Degraces

En haut : Joséphine et Bonaparte à la veille du coup d'État. Estampe de Menut et Delaunois. © PMVP/Joffre

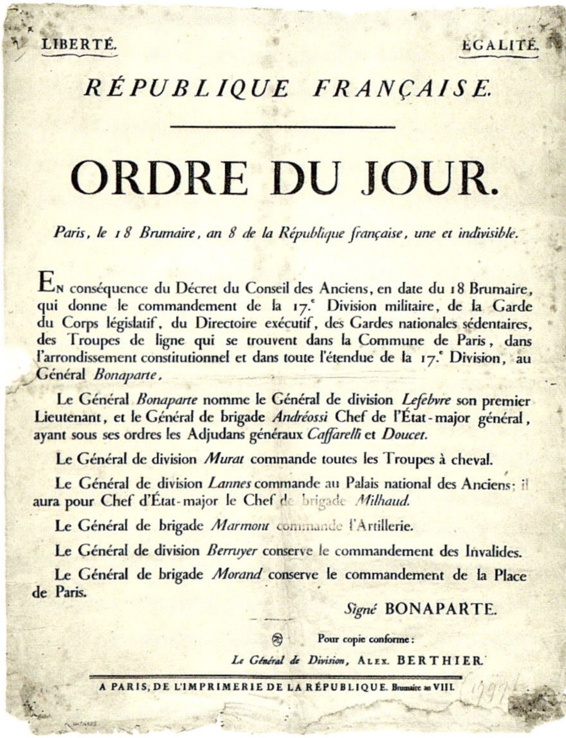

LIBERTÉ. ÉGALITÉ.

RÉPUBLIQUE FRANÇAISE.

ORDRE DU JOUR.

Paris, le 18 Brumaire, an 8 de la République française, une et indivisible.

En conséquence du Décret du Conseil des Anciens, en date du 18 Brumaire, qui donne le commandement de la 17.e Division militaire, de la Garde du Corps législatif, du Directoire exécutif, des Gardes nationales sédentaires, des Troupes de ligne qui se trouvent dans la Commune de Paris, dans l'arrondissement constitutionnel et dans toute l'étendue de la 17.e Division, au Général *Bonaparte*,

Le Général *Bonaparte* nomme le Général de division *Lefebvre* son premier Lieutenant, et le Général de brigade *Andréossi* Chef de l'État-major général, ayant sous ses ordres les Adjudans généraux *Caffarelli* et *Doucet.*

Le Général de division *Murat* commande toutes les Troupes à cheval.

Le Général de division *Lannes* commande au Palais national des Anciens; il aura pour Chef d'État-major le Chef de brigade *Milhaud.*

Le Général de brigade *Marmont* commande l'Artillerie.

Le Général de division *Berruyer* conserve le commandement des Invalides.

Le Général de brigade *Morand* conserve le commandement de la Place de Paris.

Signé BONAPARTE.

Pour copie conforme :

Le Général de Division, Alex. BERTHIER.

A PARIS, DE L'IMPRIMERIE DE LA RÉPUBLIQUE. Brumaire an VIII.

Cette affiche a été apposée dès le 18 Brumaire sur tous les murs de Paris. © PMVP/Joffre

18 Brumaire (9 novembre 1799)

Des Tuileries à la salle des Machines

2

Le jour se lève à peine et les portes du Palais national, désert, sont grandes ouvertes. Des commissaires du conseil des Anciens vont et viennent sur la terrasse des Feuillants ; des groupes diserts s'étonnent des cliquetis d'armes qu'on entend place de la Révolution et pénètrent dans la salle des Machines.

Cent cinquante membres du conseil des Anciens – mais on ne remarque pas parmi eux de néojacobins – ont reçu, il y a une heure à peine, une convocation pour une assemblée extraordinaire.

Sur l'invite du président Lemercier, tout acquis à Bonaparte, le député Cornet ouvre la séance : "Il n'y a plus de corps représentatif, il n'y a plus de liberté, il n'y a plus de République." Un lourd silence est bientôt rompu par un feu roulant de questions auxquelles Cornet répond de manière sibylline. Régnier, qui fait partie de la conspiration, relaie son complice : un complot menace ; les législateurs doivent se transporter hors de Paris pour garantir la pérennité du régime. Pourtant, jamais le conseil des Anciens, ni celui des Cinq-Cents, n'ont quitté Paris qui, au demeurant, semble bien calme.

Mais Régnier poursuit : le rétablissement de l'ordre et de la paix extérieure, la lutte contre la corruption du Directoire, l'assainissement des finances publiques peuvent, seuls, empêcher le retour de la Terreur.

L'assemblée ordonne le transfert à Saint-Cloud du corps législatif et confie au glorieux vainqueur d'Arcole la garde nationale. Napoléon Bonaparte se tient à la disposition de la patrie.

Le vote est emporté haut la main. Il ne reste plus qu'à recevoir le serment de Bonaparte qui fait son entrée en uniforme d'officier. Devant des bancs clairsemés, il jure de sauver la République. Dans la salle des commissaires, Ducos et Sieyès, soulagés, le congratulent chaleureusement. Encore faut-il circonvenir Barras. Bonaparte, qui est sorti dans la cour pour une revue de ses troupes, reconnaît dans la foule le dénommé Bottot, une des créatures du directeur.

Aussitôt, Bonaparte bondit sur un cheval. Son adresse aux soldats – "Dans quel état j'ai laissé la France et dans quel état je l'ai retrouvée !" – est une menace à peine voilée que son destinataire s'empresse d'aller rapporter à son maître, au Luxembourg.

Paris reste calme, peu troublé par les affiches qu'on appose dans l'après-midi au coin des rues. Le même jour, Napoléon Bonaparte établit son état-major aux Tuileries. Il s'agit de préparer la journée du 19, à Saint-Cloud alors que la distribution des rôles reste bien floue. "En somme, cela n'a pas été mal aujourd'hui. Bonsoir Bourrienne ; nous verrons demain", lance à son compagnon celui qui sera désigné Premier consul dans quelques heures. ■

Bonaparte prête serment de sauver la République devant le conseil des Anciens. Estampe de Couche et Duplessis-Bertaux. © PMVP/Pierrain

1804

Le sacre de Napoléon Ier

{ 2 décembre 1804 }

Le nouveau régime issu de la longue période révolutionnaire entend défendre ses "acquis" : l'égalité civile, la liberté religieuse, le droit de propriété. Bonaparte consul donne à la France un État autoritaire fondé sur une volonté politique puissante, pragmatique, servie par un immense prestige personnel et soutenue par une bourgeoisie enfin rassurée.

Ni la démocratie jacobine, ni la restauration royaliste ne doivent contrarier l'empire grandissant de l'État dont l'administration, à la fois centrale et territoriale, se fait garante de l'unité nationale en régentant la justice, les impôts, l'enseignement, la vie publique.

Reste la question religieuse. Depuis 1790, l'Église de France est soumise à une Constitution civile que Pie VI a rejetée. Dix ans plus tard, l'attachement au Pape est resté intact dans un pays ensanglanté par les épouvantables guerres de Vendée. Dès 1800, des négociations sont entamées avec Rome. Il en résulte des concessions mutuelles : les évêques ne seront plus nommés par le peuple, mais par le Premier consul et recevront du souverain pontife l'investiture canonique. Si l'État se détache du clergé jureur, le Vatican abandonne de son côté les réfractaires. Toute la hiérarchie ecclésiastique passe sous la tutelle du Pape et ne saurait revendiquer en aucune manière "les biens ecclésiastiques aliénés". L'État assure en contrepartie au clergé un revenu décent. Enfin, Pie VII reconnaît le catholicisme comme la "religion de la grande majorité des Français", mais plus comme la religion d'État.

Le 17 juillet 1801, la signature du Concordat met fin au schisme et assure la paix religieuse. Le bénéfice est aussi politique pour Napoléon Bonaparte qui sape ainsi le terrain sur lequel pouvait encore prospérer le risque royaliste. L'assassinat du duc d'Enghien ôte tout espoir aux Bourbons.

Consul à vie depuis le plébiscite de 1802, Bonaparte songe à sa propre succession et à la pérennité du régime que renforcerait une transmission héréditaire. Le plébiscite du 18 mai 1804 transforme en règne impérial le régime consulaire. Le 2 décembre, Napoléon se sacre lui-même empereur à Notre-Dame.

2 décembre 1804

Des Tuileries à Notre-Dame

1

En ce matin froid et brumeux, Pie VII quitte son appartement du Pavillon de Flore et se dirige vers la petite place du Carrousel où l'attend sa voiture.

Il a accepté toutes les exigences de Bonaparte concernant la cérémonie : l'Empereur se sacrera lui-même et ne fera pas de communion. L'Église espère en retour voir adoucir le régime du Concordat.

Les huit superbes chevaux gris pommelés, surmontée de la tiare pontificale, se mettent au pas. La mule blanche du pape qu'a enfourchée

Monseigneur Speroni fait beaucoup rire mais nombreux sont ceux qui se signent au passage du Saint-Père. Les rues Saint-Nicaise et Saint-Honoré, le Pont-Neuf, les quais des Orfèvres et du Marché-Neuf, sont sablés, décorés de fleurs ; les façades des maisons éclatent de tentures et de guirlandes multicolores.

Une haie de soldats d'infanterie s'aligne tout au long du parcours jusqu'au parvis Notre-Dame.

À 11 heures, huit mille cuirassiers, mamelouks, chasseurs à cheval commandés par Joachim Murat s'élancent de la place du Carrousel.

Joséphine et Bonaparte ont pris place dans le carrosse impérial tiré par huit chevaux à la tête couronnée. À l'épée de Napoléon, le célèbre diamant le Régent jette des éclats.

La foule manifeste son enthousiasme alors que le ciel se dégage. Les carrosses des familles princières, des hauts dignitaires de tous les corps constitués se succèdent. Enfin, les derniers cavaliers, ceux de l'élite de la garde et de la gendarmerie ferment le fastueux cortège.

Page de gauche : Le cortège de Napoléon se rendant à Notre-Dame, devant le Palais-Royal et sur le Pont-Neuf. Estampe anonyme et peinture de Jacques Berteaux.
© PMVP/Ladet et Toumazet

Sur la place du parvis de Notre-Dame une tente a été dressée, adossée à l'archevêché, pour permettre à l'Empereur et à l'Impératrice de revêtir leur tenue de sacre tandis que la foule des invités de prestige prend place dans la cathédrale.

Le Pape, qui attend depuis une heure l'arrivée de Napoléon Bonaparte, voit non sans déplaisir la fin de cette première épreuve. La seconde commence.

2 décembre 1804
Notre-Dame

2

Menuisiers et tapissiers ont dû faire diligence et dissimuler sous d'immenses tentures les cicatrices de l'édifice à l'abandon depuis les années révolutionnaires. Afin d'offrir un abri contre la pluie, un portique de bois d'aspect médiéval et gothique a été dressé devant les porches d'entrée, masquant entièrement les tympans et les statues des rois, décapitées depuis 1793.

Ci-dessous : Le portail de la cathédrale Notre-Dame a été orné d'un dais spécialement pour le sacre. Estampe de Le Cœur et Dorgez. © PMVP/Degraces

Le matin même de la cérémonie du sacre, les ouvriers travaillent encore à la construction des tribunes du chœur, encombrées des curieux et des invités qui, déjà, se pressent dans les travées. Dans un incroyable vacarme, les dignitaires découvrent la grande estrade principale occupant toute la largeur de la nef ; ils ne manquent pas de remarquer qu'elle est deux fois plus haute que celle du Pape (dont le trône est placé à gauche de l'autel) et qu'elle masque entièrement la vue.

Le sacre de Napoléon. L'Empereur couronne lui-même Joséphine. Peinture de Jacques-Louis David. © RMN

La formidable pagaille cesse. Les trompettes de la garde résonnent et c'est au son de la *Marche triomphale*, dirigée par Lesueur, son compositeur, que le cortège de l'Impératrice puis celui de l'Empereur pénètrent dans la nef par le porche central.

Napoléon s'avance, moins vers le Pape déjà assis sur son trône, que vers son propre triomphe. Il tient déjà le sceptre et la main de justice sous le dais que portent quatre chanoines. Devant lui, Talleyrand, son grand chambellan, somptueux et indispensable ; derrière, la foule brillante des maréchaux, ministres et autres généraux... L'Empereur, couronné de lauriers, est vêtu de satin blanc mettant en valeur le grand collier de la Légion d'honneur. Les consuls Lebrun et Cambacérès portent la lourde traîne de son manteau pourpre constellé d'abeilles d'or. L'impératrice est habillée d'un très long manteau rouge ourlé d'hermine. Les reflets de sa robe de brocart d'argent se mêlent à ceux des diamants et des abeilles d'or.

Pie VII rejoint l'autel au son du *Veni Creator*. On enlève au couple impérial les manteaux à longue traîne. Il est 11 heures passées ; la cérémonie ne s'achèvera pas avant 16 heures. De part et d'autre du transept, musiciens et choristes se lancent dans l'exécution de la messe d'ouverture. S'ensuivent un premier serment, puis la longue suite des prières et des bénédictions prévues par le protocole. Pie VII gagne alors le sommet de l'autel, rejoint par l'Empereur. Napoléon se saisit de la couronne et, debout à côté du Pape, s'en coiffe et se sacre lui-même. Joséphine s'agenouille ensuite devant lui et il la consacre impératrice en la couronnant à son tour. Dans les tribunes, dans la nef, la foule tout entière retient son souffle : jamais on n'avait vu geste pareil. Vive l'Empereur ! Vivat imperator ! Les applaudissements éclatent et se mêlent au chant des chœurs.

La messe s'achève, sans communion. Pie VII se retire. Assis sur le grand trône, Napoléon Ier prête serment "de maintenir l'intégrité du territoire de la République, de respecter et de faire respecter les lois du Concordat et la liberté des cultes, de respecter et de faire respecter l'égalité des droits, la liberté politique et civile, l'irrévocabilité des ventes des biens nationaux, de ne lever aucun impôt, de n'établir aucune taxe qu'en vertu de la loi, de maintenir l'institution de la Légion d'honneur, de gouverner dans la seule vue de l'intérêt, du bonheur et de la gloire du peuple français". ■

Le trône aménagé dans la nef de la cathédrale à l'occasion du sacre impérial. Gravure de Le Cœur. © PMVP/Joffre

1814

Le retour des Bourbons

{ mai-juin 1814 }

Les adieux de l'Empereur à son armée à Fontainebleau le 20 avril 1814.

La victoire de Wagram en 1809 semble auréoler Napoléon d'une gloire éternelle. Pourtant, l'opposition grandit dans une Europe soumise à l'Empire comme au blocus, et les bourgeois se lassent. La guerre, en elle-même, est devenue le gage de stabilité de l'Empire. En juin 1812, Napoléon croit pouvoir marcher sur Moscou et l'atteindre avant l'hiver. Las ! le désastre de la Bérézina, en septembre, anéantit la Grande Armée. Un an plus tard, la nouvelle coalition de l'Autriche, de la Prusse et de la Russie écrase "l'Ogre" à Leipzig. Les Alliés pénètrent en vainqueurs dans Paris le 31 mars 1814.

Lâché par les notables, déchu par le Sénat, Napoléon a tout perdu et abdique le 6 avril. Après ses adieux à la Garde dans la cour du château de Fontainebleau, il part, le 20, pour Fréjus d'où il doit gagner l'île d'Elbe, lointaine possession qu'on lui a attribuée.

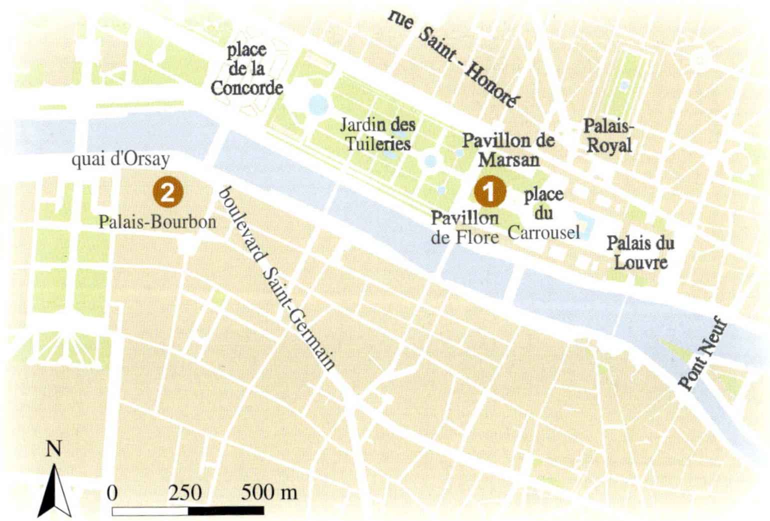

Pour les Alliés, il s'agit de mener rondement le retour des Bourbons : Talleyrand s'y emploie. Le tsar Alexandre reconnaît que la Révolution a définitivement imposé au pays ses principes d'égalité et de liberté ; Louis XVIII, frère de Louis XVI, rappelé de son exil en Angleterre, ne saurait être "roi des Français" mais bien roi de France.

3 mai 1814

Palais des Tuileries

1

Après une halte à sa résidence de Saint-Ouen, Louis XVIII fait son entrée par la rue de Flandre. Sur cette même voie, le peuple avait réservé un mois plus tôt un accueil triomphal aux Alliés. Il n'aspire qu'à la paix.

Vêtu de bleu, coiffé d'un chapeau à plumes blanches – couleur de la monarchie – le roi est emmené par une calèche que tirent huit chevaux blancs. On se bouscule de joie dans les rues où les femmes, surtout, pleurent d'émotion : Vive le roi ! Ce roi qu'on se surprend à appeler amoureusement "Louis le Désiré".

La duchesse d'Angoulême a pris place dans la voiture à la gauche de Louis : la fille de Louis XVI et de Marie-Antoinette est la seule survivante royale des événements de 1793. En face, le duc Louis-Antoine de Bourbon, fils du comte d'Artois (et qui sera le dernier dauphin de France) est assis à côté du vieux prince de Condé qui, en 1792, organisa une armée d'émigrés.

Le comte d'Artois et ses deux fils, des grands seigneurs de l'Ancien Régime, mais aussi des généraux et des maréchaux d'Empire caracolent et font cortège.

Louis XVIII entend réconcilier les Français et veut le montrer. Ce 3 mai, jour du retour de la dynastie royale des Bourbons, est placé sous la protection du premier d'entre eux : Henri IV. Sur le socle de sa statue, on a fait inscrire : "*Ludovico Reduce, Enricus Redivivus*" (le retour de Louis fait revivre Henri).

Le *Te Deum* achevé, Louis XVIII peut gagner les Tuileries, ce palais dont il avait franchi le seuil au soir du 6 octobre 1789 aux côtés de Louis XVI.

À la vue du palais, la duchesse d'Angoulême ne peut contenir le flot des souvenirs terribles qui l'assaillent, comme l'arrestation de

Les Alliés entrent dans Paris le 31 mars 1814. Ici, le bivouac des cosaques aux Champs-Élysées. Estampe de Jazet et Sauerweid. © PMVP/Joffre

"Rentrée solennelle de Louis XVIII dans sa bonne ville de Paris le 3 mai 1814." Arrivée du roi sur le parvis de Notre-Dame. PMVP/Joffre

Ci-dessus : Passage en revue de l'armée au palais des Tuileries, vers 1820. Peinture anonyme.

Ci-contre : Affiche présentant les membres de la famille royale. Au centre : "Sa majesté Louis XVIII le Désiré".

la famille royale le 10 août 1792, et s'évanouit. On s'émeut vivement de l'incident.

Le lendemain, Louis XVIII, entouré des chefs alliés, assiste au défilé des troupes depuis le balcon des Tuileries.

Une charte constitutionnelle a été écrite à la hâte. Le 4 juin, le roi des Français doit la proclamer devant les corps constitués.

4 juin 1814
Des Tuileries au Palais-Bourbon

2

Louis XVIII, porteur de la Charte, traverse solennellement le jardin des Tuileries. Il se rend de l'autre côté de la Seine, au Palais-Bourbon, propriété que le Prince de Condé a mise à la disposition des corps constitués. Prétextant un problème de santé, le Comte d'Artois est resté au château de Saint-Cloud. Louis XVIII s'apprête à établir la monarchie constitutionnelle à laquelle Louis XVI n'avait su se résoudre.

Même si le catholicisme est de nouveau religion d'État, il n'est pas question de remettre en cause les "acquis" révolutionnaires ou

Schéma de la chambre des députés indiquant la place qu'occupe chacun des mandataires du peuple français. © PMVP/Habouzit

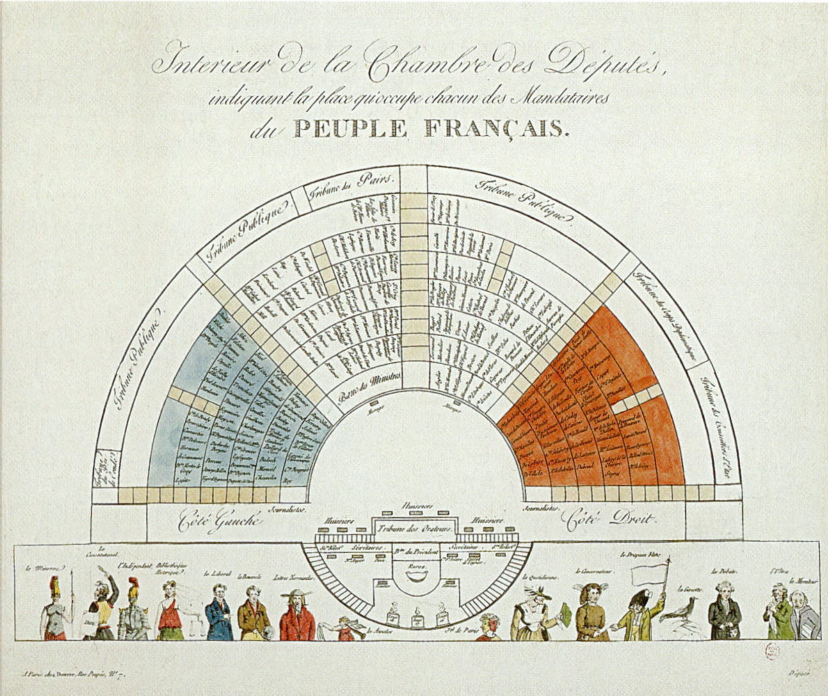

La charte constitutionnelle du 4 juin 1814. © PMVP/Joffre

l'œuvre administrative et civile de Napoléon. Une relative liberté de la presse est reconnue. Deux chambres, la chambre des Pairs et la chambre des députés, se partagent le pouvoir législatif. Les Pairs, nommés à vie par le roi et jouissant d'une charge héréditaire, constituent une oligarchie lointaine. Les députés sont élus au suffrage censitaire, un mode électif favorable à la haute bourgeoisie et à l'ancienne noblesse. La chambre des députés vote le budget. L'histoire parlementaire commence.

Le roi, maître de l'exécutif, conserve cependant d'immenses prérogatives. Il peut non seulement agir par ordonnances "pour l'exécutif des lois et la sûreté de l'État", mais a encore tout loisir de dissoudre ou d'ajourner la chambre. Et les ministres, qu'il nomme, ne sont responsables que devant lui. ■

La révolution de Juillet

{du 27 au 31 juillet 1830}

L'entrée dans Paris, le 27 septembre 1824, de Charles X avait été chaleureusement accueillie et son règne semblait s'annoncer sous les meilleurs auspices : la charte était respectée, la censure supprimée. Cependant, le roi, obsédé par le souvenir de la Révolution, n'avait jamais vraiment admis les bouleversements de la société française et restait persuadé que la faiblesse seule avait perdu Louis XVI. En conséquence, il multiplia les projets de loi tendant à remettre en cause les acquis de 1789 (droit d'aînesse, loi sur le sacrilège, indemnisation des émigrés...) et licencia la garde nationale.

Irritant sans cesse les députés, Charles X parvint même à rapprocher les ultras des libéraux, dont les critiques se firent de plus en plus convergentes ; aucun gouvernement, même celui du libéral Martignac, ne reçut d'ailleurs jamais le soutien du Palais-Bourbon. En 1827, le roi n'hésita d'ailleurs pas à dissoudre la Chambre ; en 1829, le très détesté et très ultra Jules de Polignac, prit la place de Martignac. Deux cent vingt et un parlementaires s'indignèrent auprès du souverain qui ne recula pas devant une nouvelle dissolution.

Le 25 juillet 1830, Jules de Polignac publie les ordonnances de Saint-Cloud, abolissant la liberté de la presse et modifiant la loi électorale. La Chambre est encore une fois dissoute.

Si la publication des ordonnances dans *Le Moniteur* du 26 juillet passe inaperçue, tout Paris est au courant dès le lendemain. Au Palais-Royal, on s'arrache les journaux – *Le Temps, Le National, Le Globe* – qui ont bravé l'interdiction royale. Au soir du mardi 27, les barricades s'élèvent ; Marmont, qui a retiré ses troupes pour la nuit, a laissé le champ libre à l'émeute. Le 28, les quartiers du centre se soulèvent. Des toits et des fenêtres, les Parisiens bombardent les gardes royales.

Mais le parti libéral, peu désireux de voir la République proclamée, spécule sur les chances d'un avènement du duc d'Orléans. Les insurgés, devenus maîtres du pavé de la Bourse au Louvre, donnent désormais une perspective à leur intrigue. Adolphe Thiers peut convaincre le fils de Philippe Égalité de venir ramasser dans les rues de Paris la couronne de France.

La tombe provisoire des victimes des journées de Juillet 1830, devant la colonnade du Louvre. Peinture d'Alexandre Barouillet. © PMVP/Ladet

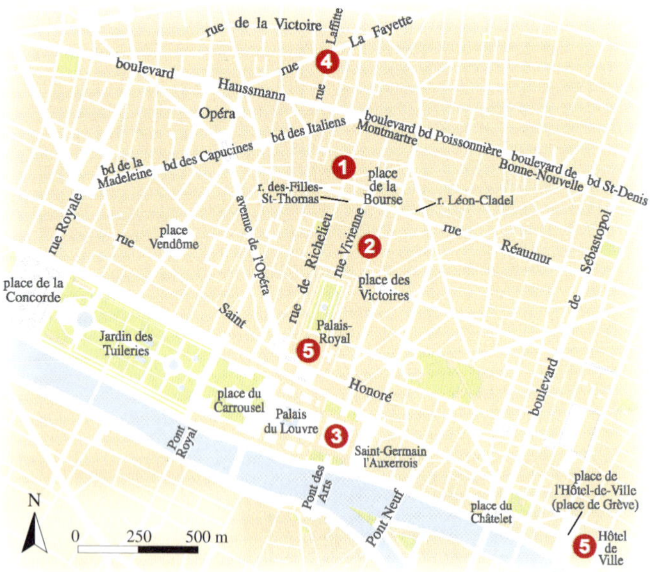

27 JUILLET 1830

93, rue de Richelieu

1

À 11 heures, Deroste, commissaire de police du quartier Feydeau, se présente au 93, rue de Richelieu, siège du journal *Le Temps*. Au nom du roi, il vient saisir les presses ; le directeur Baude a enfreint la loi en publiant son journal sans autorisation. Un silence impressionnant accueille l'émissaire des ordonnances honnies de Polignac. Baude a bien fait les choses : tout le personnel d'imprimerie fait face

La foule s'arrache *Le Moniteur* qui a publié les ordonnances royales malgré l'interdiction. Estampe de Hippolyte Bellange.

sur deux rangs dans la cour, condamnant l'accès aux ateliers. C'est par la grande porte de la rue – tous les habitants se tordent le cou aux fenêtres – que le liberticide doit accomplir son office.

Baude demande solennellement à l'officier de se retirer. On entendrait une mouche voler. Deroste fait venir le serrurier Pein. Ce dernier n'a pas encore sorti ses instruments que Baude brandit un code et donne lecture de l'article 341 : "Sera puni de la peine des travaux forcés à temps tout individu coupable ou complice de vol commis à l'aide d'effraction extérieure."

Ci-dessus : Le 93, rue de Richelieu, siège du journal *Le Temps*, perquisitionné par la police royale. © S. Ageorges

À droite : Poste de la Banque. Un cadavre de femme est transporté place des Victoires. © PMVP/Ladet

Pein se découvre, la foule aussi : le code, c'est le code. Ovations. Mais le commissaire ne dissimule pas son agacement et fait montre d'autorité ; Pein reprend son ouvrage... "Il ne s'agit pour vous que des travaux forcés", insiste Baude en sortant un carnet : que ceux qui témoigneront en cours d'assise du vol avec effraction du serrurier Pein veuillent bien donner leurs noms !

On crie de toute part. Pein se retire, sous les applaudissements. On mande un autre serrurier. Malheureusement pour la police, une main espiègle vient de lui dérober ses outils. La foule s'esclaffe. La rue de Richelieu prend des allures de théâtre de foire.

Deroste alerte la préfecture de police qui, ne reculant pas devant les grands moyens, dépêche le serrurier habituellement commis au rivetage des fers aux pieds des forçats. La foule hurle, scandalisée. Le régime révèle bien là sa vraie nature liberticide.

À midi, les gendarmes, qui n'entendent pas se laisser déborder, font évacuer la rue de Richelieu. Au Palais-Royal, où chacun s'informe des ordonnances iniques et jubile au récit de l'héroïque résistance de Baude, les premiers ouvriers typographes – contraints au chômage – se rassemblent.

27 JUILLET 1830

Quartier du Palais-Royal

2

Un homme est tombé rue Saint-Honoré ; il est mort. Tout à l'heure c'était un cadavre de femme que l'on a déposé devant le corps de garde de la place des Victoires. La foule porte la dépouille à bout de bras jusqu'à la place de la Bourse. Un crépuscule rougeoyant descend sur la ville. Les officiers se concertent : on ne fera feu que si le peuple tire. Le funèbre cortège s'arrête devant le poste de gendarmerie qui fait presque l'angle avec la rue de la Victoire. La porte reste close ; on ne prendra pas ce corps ici.

Place de la Bourse : prise et incendie du corps de garde de la gendarmerie à l'angle de la rue Joquelet le mardi 27 juillet 1830. © PMVP/Degraces

Soudain, venus du Palais-Royal par la rue Vivienne, des insurgés, conduits par le polytechnicien Charras, se joignent à la foule indignée. Charras dirige l'attaque : une pluie de pavés et de projectiles divers s'abat sur le poste... On lance une torche ; le feu prend. Les gendarmes se replient par la rue Joquelet (actuelle rue Léon-Cladel). Pas un coup de feu n'a été tiré.

L'émeute emporte son mort par la rue des Filles-Saint-Thomas. On dit que le drapeau tricolore a flotté place de la Concorde : c'est une vieille connaissance et on ne l'a pas oubliée.

"Vive la charte !" Place de la Bourse, les réverbères ont basculé sur le pavé. Les barricades s'élèvent, comme d'elles-mêmes, au passage du mort porté à la lueur des torches.

Les manifestants parviennent au Louvre dont il veulent forcer les portes. Peinture de Hippolyte Lecomte. © PMVP/Habouzit

29 JUILLET 1830

Palais du Louvre

3

Du Pont des Arts, de la rue du Coq, du quartier de Saint-Germain l'Auxerrois, l'insurrection approche du Louvre où Marmont, duc de Raguse, a disposé les gardes suisses.

L'attaque est imminente. La troupe, abritée sous la colonnade, a l'avantage d'une position dominante. Mais les combattants grimpent sur les toits, envahissent les mansardes et, bientôt, prennent l'ascendant.

La colonne Baduel, qui patientait rive gauche, parvient à franchir la Seine mais est prise sous un feu nourri à Saint-Germain-l'Auxerrois. Du côté des forces royales, les renforts tardent et les défections se multiplient. Soudain, les Suisses disparaissent de la colonnade. Les insurgés se précipitent. La garde cantonnée au Louvre

À droite : L'attaque du Louvre par les insurgés le 29 juillet 1830. © PMVP/Briant et Lifermann

Ci-dessous : Un élève de l'école polytechnique exige l'ouverture de la grille du palais des Tuileries. © PMVP/Briant

se laisse surprendre par l'assaut et se débande vers les Tuileries. Mais à hauteur du Pont-Royal, étudiants et ouvriers ont forcé le palais et atteignent la grille du Carrousel. L'armée de Marmont fuit en tous sens. Brandissant des drapeaux tricolores, les insurgés envahissent le Palais du Louvre. "Fort Raguse" est tombé.

Jacques Laffitte (1767-1844), chef de file des libéraux. Estampe de Maurin. © PMVP

29 et 30 juillet 1830

27, rue Laffitte

4

Depuis deux jours, l'hôtel de Jacques Laffitte, 27, rue d'Artois (aujourd'hui rue Laffitte), est devenu le quartier général des libéraux. Banquier, propriétaire du *National*, Laffitte s'est imposé comme leur chef. À ses yeux, seul Louis-Philippe d'Orléans, fils de Philippe Égalité, le cousin régicide, peut prétendre au trône. Pas question, cependant, de se découvrir avant de connaître le verdict des armes : qui l'emportera des Républicains, des bonapartistes ou de la troupe royale ?

Adolphe Thiers, revenu en hâte de son refuge de Pontoise le matin même, a pu constater avec satisfaction la disparition des emblèmes de Charles X sur la devanture de l'armurerie royale Lepage, au 13, rue de Richelieu. L'opinion devient favorable. Le voici rue d'Artois. La proclamation qu'il a rédigée avec Mignet enchante le

L'arquebusier Lepage distribuant des armes au peuple. Estampe de Tassaert. © PMVP/Habouzit

banquier : Charles X "a fait couler le sang du peuple… Le duc d'Orléans acceptera la charte comme nous l'avons proclamée et voulue. C'est du peuple français que le duc d'Orléans tiendra sa couronne."

Place Vendôme, des soldats ont mis crosse en l'air : on vient d'apprendre la chute de Marmont au Louvre. Il s'agit de battre le fer tant qu'il est chaud, en commençant par soustraire aux Républicains, ce "parti de l'Hôtel de Ville", le prestigieux La Fayette. On envoie Rémusat en émissaire ; il est de sa famille. Le général jure sa fidélité ; Louis-Philippe sera roi et lui commandant de la garde nationale. Guizot propose d'élire par vote secret une "commission municipale provisoire" de cinq membres. Les plus radicaux qui voulaient nommer un gouvernement provisoire, sans présumer du rôle de Louis-Philippe, sont battus en brèche.

L'hôtel particulier de Jacques Laffitte, au 27, rue Laffitte où se réunit le parti libéral.

Tandis que La Fayette s'avance triomphalement vers l'Hôtel de Ville, on organise rue d'Artois le ralliement à Louis-Philippe. La proclamation est lancée. Elle sera affichée dès le lendemain dans tout Paris. Adolphe Thiers quitte l'hôtel Laffitte pour Neuilly où demeure la famille princière. Madame Adélaïde s'engage pour son frère et le devancera en se rendant à Paris si Laffitte vient au-devant d'elle. Informés de ces résultats, les députés octroient au duc d'Orléans la lieutenance générale du royaume. Louis-Philippe hésite encore puis rejoint Paris et le Palais-Royal. Laffitte, La Fayette et Thiers se précipitent auprès de ce roi de demain qui, pour monter sur le trône, a pris les barricades comme marchepied.

31 JUILLET 1830

Du Palais-Royal à l'Hôtel de Ville

5

Discrètement arrivé la veille au Palais-Royal, le duc d'Orléans attend depuis l'aube un message du roi. Mais les Bourbons sont trop occupés par leur propre naufrage pour envoyer quelque signe que ce soit.

Vers 11 heures, Louis-Philippe fait savoir à Jacques Laffitte qu'il accepte de se rendre à l'Hôtel de Ville. Les 95 députés se transportent auprès du lieutenant général du royaume pour entrer avec lui dans ce repaire républicain.

Tambours et huissiers annoncent l'arrivée des libéraux. Le duc a revêtu l'uniforme de la garde nationale et s'est paré de la cocarde tricolore. Devant le gouvernement provisoire, il se découvre, regrette

Le duc d'Orléans, futur Louis-Philippe Ier, se rend à l'hôtel de ville acclamé par la foule. Estampe de Laderer, Pourvoyeur et Vernet. © PMVP/Briant

Les lauriers célébrant l'avènement de Louis-Philippe Ier au pouvoir le 31 juillet 1830. © PMVP

"les déplorables circonstances" et réaffirme le droit des chambres. Cette bonne volonté constitutionnelle émeut un public déjà acquis ; on s'embrasse au balcon du Palais-Royal et la foule applaudit : "Vive le duc d'Orléans !", "Vive Laffitte !"

À 14 heures, on part pour l'Hôtel de Ville. Sur fond d'ovations et de roulements de tambours, Louis-Philippe caracole en tête sur Clio, sa jument. Dans la rue du Coq, encore encombrée de barricades, Benjamin Constant, affligé d'une entorse, et Jacques Laffitte, perclus de goutte, se laissent bringuebaler dans leurs chaises à porteurs.

L'enthousiasme s'émousse sensiblement au Pont-Neuf, à la rencontre des gardes nationaux, pour la plupart vétérans de la Grande Armée et ne faisant pas mystère de leur hostilité. Les vivats sont couverts par les huées. Le duc s'efforce de faire bonne figure et veut conserver une allure triomphale tandis qu'une nuée de "Gavroche" s'égosille en Marseillaise. La grogne est encore sensible en place de Grève. Heureusement, La Fayette arrive, empressé et chaleureux, qui ouvre la voie de l'Hôtel de Ville au "lieutenant général". Celui-ci gagne le grand salon de réception dans une ambiance glaciale.

Viennet lit l'adresse de la Chambre et les Républicains blêmissent. L'hostilité se lit sur tous les visages, les protestations fusent, l'agitation, un moment suspendue, reprend. Inspiré, La Fayette se saisit d'un drapeau bleu-blanc-rouge, entraîne le duc à une fenêtre et l'embrasse dans les plis tricolores du symbole de la Nation.

Aussitôt, la place de Grève éclate en applaudissements. Combien d'observateurs auront alors remarqué, comme Chateaubriand, que "le baiser républicain de La Fayette fit un roi" ?

Pour la députation libérale, Laffitte, Thiers, Guizot ou Constant, c'est le soulagement. Même les légitimistes respirent : le peuple n'a pas gagné.

Le retour au Palais-Royal se déroule sans histoire : les barricades ont disparu, les ouvriers avec elles. La rue est aux bourgeois. ■

Louis-Philippe prêtant serment à l'Hôtel de Ville. © PMVP/Joffre

La révolution de février 1848

{ 23 et 24 février 1848 }

Pour Louis-Philippe et son ministre Guizot, la monarchie de Juillet est une sorte d'achèvement. Depuis 1840, le pays est en effet marqué par une stabilité remarquable. Le régime orléaniste contemple avec contentement son œuvre réconciliatrice sans toutefois bien mesurer l'influence croissante des Républicains. Guizot reste imperturbablement sourd aux colères comme aux lassitudes alors que les ouvriers ont pris conscience de leur force ; chez les catholiques, une pensée sociale et politique indépendante du dogme se fait jour avec Montalembert. Tandis qu'une crise industrielle et financière secoue le pays, les Républicains engagent une campagne de banquets, prônant le suffrage universel. En février 1848, le préfet de police Delessert interdit un banquet qui doit être précédé d'une manifestation. Les députés se soumettent, mais les étudiants décident malgré tout de manifester place de la Madeleine. Delessert a placé ses troupes à la Bastille, à l'Hôtel de Ville, aux

Le drapeau tricolore est proclamé en février 1848 comme le symbole de la nouvelle République. © PMVP/Briant

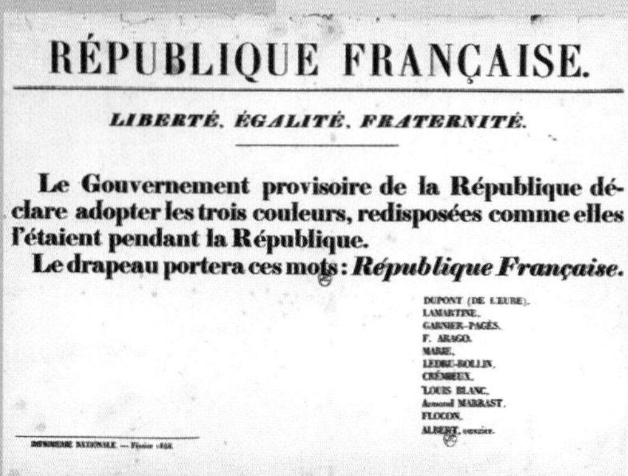
RÉPUBLIQUE FRANÇAISE.

LIBERTÉ, ÉGALITÉ, FRATERNITÉ.

Le Gouvernement provisoire de la République déclare adopter les trois couleurs, redisposées comme elles l'étaient pendant la République.

Le drapeau portera ces mots : *République Française.*

DUPONT (DE L'EURE),
LAMARTINE,
GARNIER-PAGÈS,
F. ARAGO,
MARIE,
LEDRU-ROLLIN,
CRÉMIEUX,
LOUIS BLANC,
Armand MARRAST,
FLOCON,
ALBERT, ouvrier.

IMPRIMERIE NATIONALE. — Février 1848.

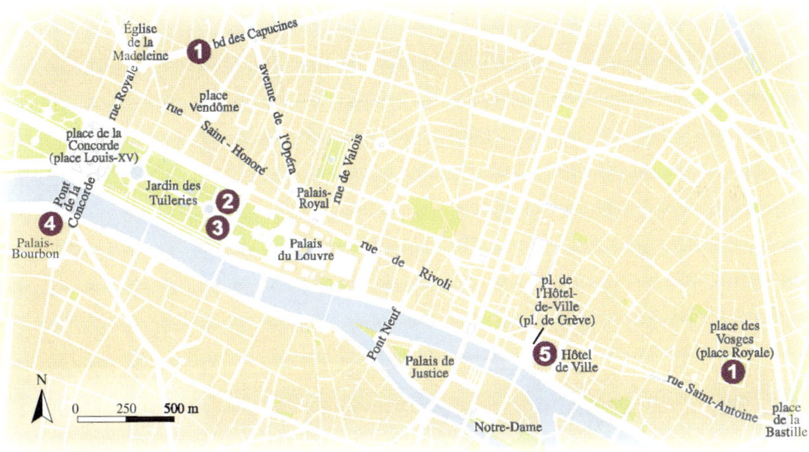

Quinze-Vingt, à la Sorbonne. Quelques barricades s'élèvent en ce 22 février, mais le faubourg Saint-Antoine demeure calme. L'orage, s'il n'a pas éclaté, reste menaçant.

Le pouvoir mobilise en renfort la garde nationale… qui refuse de lui prêter main forte. L'après-midi même, Louis-Philippe exige la démission de Guizot. Une foule goguenarde commence alors à se rassembler devant son ministère, boulevard des Capucines. Au soir, la troupe en faction s'affole sans raison véritable et ouvre le feu sur les badauds, déclenchant accidentellement l'insurrection.

Louis-Philippe abdique et s'enfuit des Tuileries. À l'Hôtel de Ville, Lamartine brandit le drapeau tricolore au nom de la République. Pendant trois semaines, la révolution de février met en œuvre une sorte de démocratie directe en place de Grève. Le suffrage universel est proclamé, l'esclavage aboli, la peine de mort pour délit politique abrogée. Au Luxembourg, Auguste Blanqui ouvre une commission des travailleurs.

Par un retournement classique de l'histoire, les élections d'avril donnent une majorité conservatrice à l'Assemblée nationale. Le 15 mai, les compagnons de Blanqui, d'Albert et de Barbès marchent sur le Palais-Bourbon, y prononcent la dissolution de la Chambre et forment un gouvernement provisoire. Lamartine et Ledru-Rollin font aussitôt donner la troupe qui se saisit des révolutionnaires. Dès le lendemain, la commission du Luxembourg est dissoute, les ateliers nationaux fermés.

Le retour à l'ordre n'est que provisoire. Du 22 au 26 juin, 50 000 insurgés, désespérés par la misère, se soulèvent. Le général Cavaignac laisse s'étendre la formidable émeute, puis lance ses troupes fraîches contre des hommes épuisés et dispersés dans toute la ville. La répression laissera 4 000 morts sur le pavé. Les journées de juin, qui ont décimé les faubourgs, ont soumis le peuple. En 1851, lors du coup d'État de Louis Bonaparte, il ne se soulèvera pas. Le pays, terrifié par ces "classes dangereuses", se réfugie dans un conservatisme de notables qui se révélera le meilleur soutien du second Empire.

Mercredi 23 février 1848 : massacre devant l'hôtel du ministère des Affaires étrangères. Estampe de Provost.

23 février 1848

De la place des Vosges au boulevard des Capucines

1

Louis-Philippe a cédé à la pression de la rue ; Guizot est renvoyé. À 14 heures, le ministre convoqué aux Tuileries apprend la décision du roi et donne sa démission. Le comte Molé prend la tête du nouveau cabinet. La nouvelle court, enjambe les barricades, gagne les faubourgs. Une explosion de joie transporte les Parisiens : "Vive la Réforme !"

En cette journée d'hiver où la nuit tombe tôt, une véritable fête de la lumière s'organise. Place Royale (bientôt place des Vosges), une foule considérable se rassemble, venue du faubourg Saint-Antoine. Garnier-Pagès, de la mairie du 8e arrondissement, harangue des manifestants qui semblent bien pacifiques. "À la Bastille ! À la Bastille !", fait crier le député républicain, gageant que cette invocation ne peut qu'encourager les ferveurs révolutionnaires.

Un cortège se dirige vers la fameuse place où Louis-Philippe a cru bon d'ériger la colonne de Juillet en mémoire des insurgés de 1830.

La foule contourne le monument puis s'engage sur les grands boulevards. De toutes parts, des groupes d'hommes, de femmes et d'enfants venus des rues sombres, gonflent ce fleuve humain. La blouse ouvrière est au coude à coude avec l'habit du bourgeois. Des bougies brillent aux fenêtres et d'innombrables lanternes de papier rouge et jaune bringuebalent joyeusement en haut des perches. On chante la *Marseillaise*, la *Parisienne*. "Vive la Réforme ! Vive la Réforme !" Boulevard des Capucines, devant le ministère des Affaires étrangères de Guizot, la houle grossit et s'enfle. Sans haine ni violence, la rue est gagnée par un puissant sentiment de victoire fraternelle.

22 heures 30 : les victimes de la fusillade du boulevard des Capucines sont chargées sur une charrette. Les insurgés préparent les représailles. Estampe de Rauheim et Naissant.

Un cercle de gardes est placé sous les fenêtres du ministère, à l'angle de la rue des Capucines. Un coup de feu claque. Tout bascule. Quelle raison peut désormais l'emporter ? Hurlements, cris de rage... il y a des morts. On charge côte à côte seize cadavres sur une charrette tirée par un cheval blanc. Un Gavroche, figure pâle, œil brillant, debout sur ce char funèbre, brandit une torche dont les reflets rougeâtres éclairent affreusement les fusillés.

C'est la liberté qu'on a tuée. Vengeance ! L'ouvrier aux bras nus qui conduit le terrible attelage fait sonner le glas de la royauté dans les rues de Paris. Aux armes ! C'est le peuple qu'on égorge ! Partout des barricades. C'est la révolution.

24 février 1848
Palais des Tuileries

2

Ce matin, vers 10 heures, le roi a abdiqué en faveur du comte de Paris, son petit-fils. Mais il est trop tard ; Adolphe Thiers n'a pu, cette fois, mener à bien son intrigue orléaniste.

Au Palais-Royal, la fusillade fait rage. Les deux barricades de la rue de Valois et de la rue Saint-Honoré ne résisteront plus longtemps au feu des gardes municipaux. Du Palais des Tuileries, on peut entendre le tumulte des combats.

Louis-Philippe, hanté par les spectres de 1793 et de 1830, est anéanti, incapable de quitter le vaste fauteuil où il s'est affalé. Son regard, fixe, s'attache à Crémieux. L'abattement fait soudain place à la fébrilité : chapeau, redingote ! Il faut partir. Le roi déchu, son épouse – seule à demeurer impavide – le duc et la duchesse de

Ci-dessus : Louis-Philippe fuit les Tuileries en empruntant un fiacre. Gravure de Ladmiral d'après Philippoteaux. © Collection Roger-Viollet

À droite : les insurgés envahissent le palais des Tuileries. Estampe de Provost. © PMVP/Briant

Montpensier s'engagent dans le jardin des Tuileries, accompagnés de Crémieux. Place Louis-XV, Louis-Philippe cherche en vain du regard les quatre voitures qu'il a fait demander. Le roi avise un fiacre arrêté là, juste au pied de l'obélisque : "Descendez ! Toutes ! Toutes !", intime-t-il aux quatre femmes – parmi elles, mesdames de Nemours et de Joinville, mères des petits-fils du roi – qui y étaient assises avec leurs enfants. Les fugitifs prennent place en compagnie de madame de Nemours tandis que Crémieux, d'un coup de poing, force un grand portefeuille coincé dans la portière.

La voiture sort de Paris par l'avenue de Neuilly pour gagner Versailles où une grande berline et un omnibus attendent. Comme Charles avant lui, Louis-Philippe s'enfuit de France. À Honfleur, la famille royale et sa suite embarquent pour l'Angleterre.

Du 24 au 25 février 1848
Palais des Tuileries

3

La nuit est tombée sur un palais des Tuileries déserté par le roi. La foule, un moment ébahie par sa propre victoire, laisse éclater sa colère, débauche de grotesque et de fureur où le carnaval s'emmêle de pillage. Tandis que les uns parodient l'étiquette, d'autres brisent méthodiquement les vases, les lustres, les glaces... Une fanfare cacophonique s'improvise avec les instruments de l'orchestre que les insurgés ont trouvé dans la salle de spectacle.

Caves et cuisines sont dévalisées ; ce ne sont plus des têtes mais des jambons qu'on brandit au bout des piques. L'orgie trouve son apothéose avec le piétinement du trône. Porté à bout de bras, le siège royal est sorti du pavillon de l'Horloge. Dans le roulement désordonné des tambours, une cavalcade d'écuyers de fortune montés sur les chevaux des écuries royales compose une escorte à ce symbole de la monarchie honnie. Le cortège traverse le jardin des Tuileries, gagne la place de la Concorde, la rue Royale, s'avance sur les boulevards. À chaque barricade, le trône est arrêté afin que qui veuille s'y asseoir puisse être le roi d'un instant. On chante la *Marseillaise*, tandis que le peuple – une fois n'est pas coutume – ripaille du pain et du lard du roi.

Arrivés à la place de la Bastille, les insurgés dressent un bûcher au pied de la colonne et immolent symboliquement la royauté. La flamme purificatrice est saluée par une ronde endiablée. En cette aube du 25 février, un mot d'ordre enfle qui finit par couvrir tous les cris : “À l'Hôtel de Ville ! À l'Hôtel de Ville !”

Ci-dessous : En quittant les Tuileries, le peuple emporte le trône comme trophée de la victoire et le brûle au pied de la colonne de Juillet. Estampe de Arnout et Victor-Jean Adam. © PMVP/Andreani

24 février 1848
Palais-Bourbon

4

Les insurgés sont partout, place de Grève comme place de la Concorde, et savent la nouvelle de l'abdication de Louis-Philippe en faveur de son petit-fils. La loi veut que la Chambre des députés ratifie la régence de la duchesse d'Orléans puisque son fils n'est encore qu'un enfant. Or, le désordre est général. Dans l'enceinte du Palais-Bourbon, le président Sauzet demeure introuvable ; les parlementaires, inquiets de la tournure des événements, attendent du ministère de l'Intérieur le rétablissement de l'ordre.

Une foule hétéroclite envahit le Palais-Bourbon. Mais voici qu'arrive la duchesse d'Orléans tenant son fils par la main. Adossés au pied de la tribune, ils sont accompagnés par le duc de Nemours. Dans un terrible brouhaha, le député Dupin s'efforce de faire proclamer régente la duchesse d'Orléans. Alors qu'on applaudit à tout rompre sur les bancs royalistes, les insurgés, qui étaient jusqu'alors restés à l'extérieur de l'hémicycle, y pénètrent à présent.

La duchesse d'Orléans et son fils, le comte de Paris, à l'Assemblée nationale. Estampe de Kollarz. © PMVP/Joffre

Un seul dispose à vrai dire dans cette assemblée du prestige et de l'autorité susceptibles de sauver ou de perdre le roi. Lamartine – c'est bien de lui qu'il s'agit – garde le silence. La duchesse d'Orléans, son fils et le duc de Nemours, pressés par la foule de plus en plus nombreuse, se réfugient en haut des bancs du centre gauche. L'agitation gagne. Sauzet suspend la séance et s'en va. La débandade de la Chambre laisse le champ libre aux Républicains. À la tribune, Ledru-Rollin demande la formation d'un gouvernement provisoire.

Discrètement, les princes sortent par une petite porte sur la rue de Bourgogne. Lamartine établit la liste des membres du gouvernement provisoire dont les noms retenus sont acclamés. On apprend alors qu'on vote aussi à l'Hôtel de Ville où la République a été proclamée.

24 février 1848
Hôtel de Ville

5

Comme en 1830, c'est au centre de Paris que tout se passe vraiment. La place et l'Hôtel de Ville sont envahis par des gardes nationaux, des insurgés venus de la Bastille, menés par les socialistes Louis Blanc et l'ouvrier Albert et les démocrates Marrast et Flocon. Un vote, alors que la République n'a ni gouvernement provisoire ni constitution, fait des délégués ouvriers les représentants du peuple. Les libéraux, venus en hâte du Palais-Bourbon, peuvent bien se précipiter dans le grand escalier d'honneur, les citoyens de 1848 restent décidés à ne pas se faire voler leur victoire comme en 1830. Adolphe Thiers l'a bien perçu, qui s'est déjà enfui de Paris.

Ci-dessous : Lamartine désigne le drapeau tricolore comme le symbole inaliénable de la République. Estampe de Dembour. © PMVP/Andreani

À droite : Les représentants de la jeune République. En haut à gauche : Lamartine. © PMVP/Briant

La République s'impose d'elle-même, sans tractations ni combinaisons, par la seule volonté populaire. Or pour Lamartine, comme pour Ledru-Rollin, il faut nommer un gouvernement provisoire. Dans le désordre général, on finit par se retrouver dans une salle du pavillon d'angle de l'Hôtel de Ville donnant sur la rue Tixeranderie (au carrefour de la rue François-Miron et de la rue des Barres).

La nuit s'annonce longue pour Dupont de l'Eure qui préside les débats. C'est bien d'un compromis entre les forces en présence que naîtra la Deuxième République. Les Républicains libéraux, plus attachés à une république orléaniste qu'à une république sociale, l'emportent largement en préférant Lamartine à Ledru-Rollin. Cependant, les démocrates Flocon et Marrast exigent la présence au gouvernement des socialistes Albert et Louis Blanc.

Dans la rue, on crie : "Vive la Sociale !" On se reverra… ■

1851

Le coup d'État de Louis Napoléon Bonaparte

{2 décembre 1851}

Le 10 décembre 1849, le premier président de la République française est élu au suffrage universel. Louis Napoléon Bonaparte, neveu de l'Empereur, l'emporte triomphalement avec 5 400 000 voix. Le général républicain Cavaignac, sabreur de la grande émeute de juin 1848, a obtenu pour sa part 1 400 000 voix. Les socialistes n'ont recueilli que 400 000 suffrages pour Ledru-Rollin et 37 000 pour Raspail. Quant à Lamartine, héros des journées de février 1848 et président du gouvernement provisoire, il se voit infligé un véritable camouflet : seules 8 000 voix se sont portées sur son nom.

Louis Napoléon Bonaparte, élu président de la République avec une très large majorité.
© PMVP/Trocaz

Tandis qu'Adolphe Thiers, mentor du parti conservateur, fulmine contre la démocratie qui a porté au pouvoir un "incapable", Marx considère que le vote paysan fut le véritable coup d'État contre la République. Pour les socialistes modérés, la méfiance est évidemment de mise mais elle est tempérée par la volonté sociale et réformatrice du président.

L'homme se révèle bientôt. En février, il installe un ministère où ne figure aucun républicain. Odilon Barrot, royaliste conservateur, préside ce cabinet, dominé par la figure du comte de Falloux, ministre de l'Instruction publique et des cultes. Le prince-président ne dispose pas du soutien de l'Assemblée, largement républicaine.

2 décembre 1851 : arrestation des députés hostiles au coup d'État à la mairie du 10e arrondissement (située à l'angle des rues de Grenelle et du Dragon. Gravure de Ladmiral d'après Philippoteaux. © Collection Roger-Viollet

Les élections législatives du 13 mai 1849, gagnées par le parti de l'Ordre, sont marquées par une radicalisation des affrontements entre conservateurs et socialistes. Très inquiets de l'influence grandissante de la gauche, les conservateurs font passer une réforme de circonstance, le 31 mai 1850, écartant du suffrage universel ceux qui paient un faible loyer, c'est-à-dire les plus pauvres et les plus enclins à voter socialiste.

La perspective des élections présidentielles de 1852 se rapproche. Louis Napoléon Bonaparte entreprend une série de voyages en France pour défendre une révision de la constitution alors que

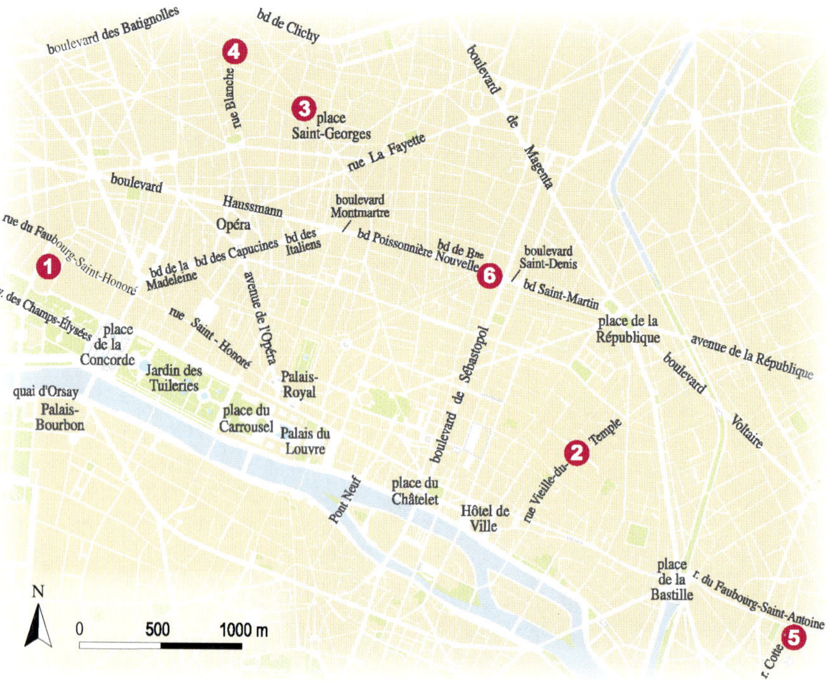

celle-ci interdit au président élu de se représenter. Cet ajustement est toutefois rejeté par les députés en juillet 1851 et, avec lui, la perspective d'une nouvelle candidature de Louis Napoléon Bonaparte. Dès lors, le prince-président s'attache à déstabiliser l'Assemblée qui a contrarié ses projets en prônant publiquement le rétablissement du suffrage universel et l'abrogation de la loi du 31 mai 1850. Saluée à gauche, la proposition est repoussée par les 355 voix des députés conservateurs. Alors que la seule issue pour se maintenir au pouvoir est le coup d'État, le bilan politique de Louis Napoléon est loin d'être négligeable : il a réussi à diviser profondément les parlementaires, à s'assurer sinon la sympathie de la gauche du moins une certaine bienveillance – le prince-président lui semblant, tout compte fait, préférable à une droite très réactionnaire –, enfin, par un étrange retournement, à faire valoir aux yeux d'une partie de la droite, obsédée par la montée en puissance de l'extrême gauche, qu'il pourrait constituer un barrage efficace, fut-ce au prix d'un coup d'État.

La situation est mûre ; pour Louis Napoléon Bonaparte et les siens – les Morny, Persigny et autres Saint-Arnaud – l'opération "Rubicon" entre dans sa phase opérationnelle.

Nuit du 1er au 2 décembre 1851
55, rue du Faubourg-Saint-Honoré

1

La soirée du 1er décembre est calme. La menace d'un coup d'État est dans l'air et le 2 décembre, double anniversaire du sacre de Napoléon (1804) et de la victoire d'Austerlitz (1805), ne serait pas la plus mauvaise date pour une telle opération ; mais on en parle tellement et depuis si longtemps que l'affaire tourne presque à la plaisanterie.

L'heure est plus insouciante. George Sand, au retour d'une soirée, note machinalement que les lumières de l'Élysée sont éteintes et que le palais est gardé par deux sentinelles désœuvrées. Comme tout le monde, elle va dormir. Mais quelques Parisiens ne rejoignent pas leur lit : le duc de Morny, précisément, retrouve à cet instant les conspirateurs réunis autour de Louis Napoléon Bonaparte à l'hôtel du faubourg Saint-Honoré.

À gauche : Le duc Charles de Morny (1811-1865), l'un des maîtres d'œuvre du coup d'État bonapartiste.
© Collection Viollet

Ci-dessus : Charles-Louis Napoléon Bonaparte (1808-1873).
© PMVP/Joffre

Chacun s'affaire. Le texte d'une proclamation destinée à être placardée partout dans Paris est prêt et Béville, aide de camp, file sans attendre à l'Imprimerie nationale ; les affiches annoncent la restauration du suffrage universel et la convocation des électeurs avant la fin décembre. Cette promesse devrait décourager toute velléité de soulèvement du peuple, du pauvre peuple, désarmé et surtout Ô combien résigné depuis juin 1848. Le général Saint-Arnaud, ministre de la Guerre, a ordonné la disposition de ses troupes, peu nombreuses d'ailleurs, sur les boulevards, à l'Hôtel de Ville, aux Champs-Élysées et au Carrousel, sur le quai d'Orsay et autour du

Palais-Bourbon. À partir de 2 heures du matin, le préfet de police ordonne l'arrestation de quelque 78 personnalités susceptibles de s'opposer à la volonté du prince, voire de créer des troubles. Morny est nommé ministre de l'Intérieur : il lui suffira, à l'aube, d'en avertir son prédécesseur.

Après un court repos, Louis Napoléon Bonaparte est sur le pied de guerre à 6 heures du matin. Tout se passe comme prévu : les arrestations sont en cours, les murs se couvrent de la fameuse proclamation, l'investissement du Palais-Bourbon commence.

Cependant, on signale bientôt la résistance de quelques dizaines de députés conservateurs, repliés au faubourg Saint-Germain, dans la mairie du 10e arrondissement. Ils sont vite arrêtés et conduits à la caserne d'Orsay.

Sur les boulevards, la foule est considérable. Çà et là, on entend : "Vive la République !", mais la contestation ne va pas plus loin. La Garde nationale a été désarmée, les faubourgs ne bougent pas, les bourgeois se contentent de libérer leurs états d'âme dans les cafés.

Nuit du 1er au 2 décembre 1851
87, rue Vieille-du-Temple

2

Saint-Georges, directeur de l'Imprimerie nationale, a été prévenu de la visite nocturne de Béville. Retenir de nuit les ouvriers pour faire imprimer la proclamation du coup d'État est une partie des plus délicates de l'opération.

Comme tous les conspirateurs, Saint-Georges n'a rien changé à ses habitudes mondaines et s'en revient d'une soirée à l'Opéra-Comique quand il se rend, muni de deux pistolets, aux ateliers d'imprimerie. À peine est-il sur les lieux que le fiacre de Béville pénètre à son tour par la porte de la rue Vieille-du-Temple dans la cour obscure du vieil hôtel de Soubise. Par précaution, on enferme le cocher dans une cave avec une bouteille. L'émissaire donne au directeur le grand portefeuille qui renferme la proclamation.

La porte cochère s'ouvre à nouveau ; sans bruit, des soldats se glissent le long des murs et se placent sous chaque fenêtre des ateliers. Ils ont ordre de tirer sur quiconque tentera de s'enfuir. Aux alentours, la troupe veille.

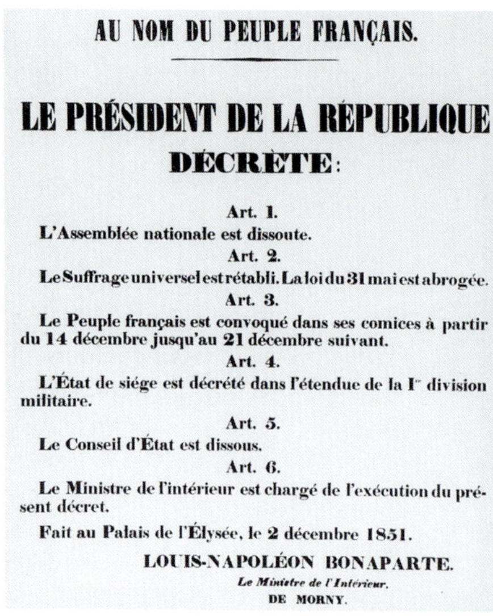

AU NOM DU PEUPLE FRANÇAIS.

LE PRÉSIDENT DE LA RÉPUBLIQUE
DÉCRÈTE :

Art. 1.
L'Assemblée nationale est dissoute.

Art. 2.
Le Suffrage universel est rétabli. La loi du 31 mai est abrogée.

Art. 3.
Le Peuple français est convoqué dans ses comices à partir du 14 décembre jusqu'au 21 décembre suivant.

Art. 4.
L'État de siége est décrété dans l'étendue de la 1re division militaire.

Art. 5.
Le Conseil d'État est dissous.

Art. 6.
Le Ministre de l'intérieur est chargé de l'exécution du présent décret.

Fait au Palais de l'Élysée, le 2 décembre 1851.

LOUIS-NAPOLÉON BONAPARTE.

Le Ministre de l'Intérieur,
DE MORNY.

La proclamation du coup d'État, imprimée en secret, sera affichée dès le 2 décembre sur tous les murs de la capitale.
© PMVP/Briant

L'hôtel des archives nationales, 87, rue Vieille-du-Temple. © M. Turin

Dans le grand cabinet du premier étage, les deux complices se penchent sur les documents tirés du maroquin : appel à l'armée, décret de dissolution de l'Assemblée, décret de convocation des électeurs, appel au peuple, écrits de la main de Louis Napoléon. Il s'y trouve également une proclamation du préfet de police Maupas et sa lettre aux commissaires.

Dans les ateliers, les typographes, encadrés chacun de deux gendarmes, sont mis au travail. Aucun d'eux ne peut savoir exactement de quoi il est question puisqu'on a pris soin de fragmenter la tâche de sorte que pas un ne compose une phrase complète. Béville se charge de réunir les pièces de ce puzzle et de relire les épreuves. Les soldats surveillent les presses tout le temps de l'impression.

Des afficheurs, recrutés pour la circonstance, se dispersent dans la ville encore endormie et collent les proclamations aux coins des rues. Le préfet de police Pasquet reçoit ses textes, dont les décrets autorisant les arrestations, des mains propres de Saint-Georges et de Béville. À 4 heures du matin, l'affaire est bouclée sans qu'aucun bruit n'ait filtré. Seuls quelques noctambules attardés peuvent s'étonner du déploiement des gendarmes dans les rues comme de la floraison soudaine d'affiches blanches aux carrefours.

Arrestation d'Adolphe Thiers, chef du parti conservateur, à l'aube du 2 décembre 1851.

2 décembre 1851
1, place Saint-Georges

3

Parmi les 78 personnalités politiques et militaires à être conduites, dès l'aube du 2 décembre, à la prison Mazas, Adolphe Thiers, chef du parti conservateur, est assurément l'une des plus importantes. C'est au commissaire Hubault que Morny a confié cette tâche. Il fait encore nuit quand les gendarmes se présentent chez le célèbre politicien, 1, place Saint-Georges, et se rendent directement dans sa chambre. Thiers semble avoir été prévenu : la fouille en règle de son secrétaire ne livre aucun papier compromettant. Le député n'oppose pas de résistance aux forces de l'ordre, tout en protestant de son inviolabilité.

À Mazas, Thiers retrouve les généraux Lamoricière, Cavaignac, Changarnier et Le Flô, ce dernier ayant été arrêté dans l'enceinte même du Palais-Bourbon.

2 décembre 1851
70, rue Blanche

4

Ci-dessus : Victor Hugo (1802-1885), ardent défenseur de la République, est contraint à l'exil à Jersey. Photographie de Charles Hugo. © Collection Viollet

À droite : Les fenêtres du premier étage du 70, rue Blanche. C'est là, chez la baronne Coppens, que Victor Hugo et d'autres républicains trouvèrent refuge. © S. Ageorges

Averti de son arrestation imminente, Victor Hugo rejoint en hâte le domicile de son amie la baronne Coppens, au premier étage du 70, rue Blanche. Des députés de la Montagne, également prévenus, s'y trouvent déjà. On débat de l'action à mener. Seul le peuple – on en est bien convaincu – peut sauver la République et chasser le tyran : des groupes doivent prévenir sans attendre les faubourgs, mobiliser les ouvriers. Victor Hugo et Charamaule, armés, sortent dans le matin blême et pluvieux. Ils veulent prendre la mesure des réactions et des humeurs ; ils se rendent bien compte que le peuple n'est guère décidé à faire entendre sa voix. Les affiches n'assurent-elle pas le rétablissement du suffrage universel ? Pourquoi les ouvriers se battraient-ils pour une assemblée qui les a trahis ? Il faut cependant tenter le tout pour le tout : Michel de Bourges, Victor Hugo, Démosthène Ollivier et Alexandre Dey, réunis rue Blanche, écrivent un appel au peuple. Mais comment trouver un imprimeur quand ils sont tous cernés par la police ? Le député Baudin se propose, avec Victor Schoelcher, d'aller directement haranguer les ouvriers de Saint-Antoine. Millière promet l'impression de l'appel républicain et son placardage dans les deux heures, avant la tombée de la nuit. Le colonel Forestier se dit sûr de deux bataillons.

Il faut fuir : l'arrestation menace. Rendez-vous est donné rue de la Cerisaie. Le jour baisse. La proclamation n'est toujours pas affichée. Les Républicains circulent de cache en cache alors que les faubourgs affichent une totale indifférence.

Angle des rues du Faubourg-Saint-Antoine et de Cotte.
© S. Ageorges

3 décembre 1851

Angle des rues de Cotte et du Faubourg-Saint-Antoine

5

Les faubourgs Saint-Denis et Saint-Martin, Belleville, et, sur la rive gauche, le faubourg Saint-Marcel s'éveillent. Quelques barricades s'élèvent. Rue Montorgueil, la mort du jeune Denis Dussoubs exalte le quartier.

Dès 8 heures 30, une quinzaine de députés, dont Baudin et Victor Schoelcher, ceints de leur écharpe tricolore, arpentent le faubourg Saint-Antoine. Les ouvriers ne font pas mystère de leurs réticences : Quoi ? Il faudrait donc verser son sang pour défendre les indemnités échues aux parlementaires ? Baudin, superbe, aurait répliqué : "Vous verrez tout à l'heure comme on meurt pour 25 F par jour !"

Le député Baudin tombé en tentant de défendre la barricade de la rue du Faubourg-Saint-Antoine. Peinture de Jean-Paul Laurens. © PMVP/Joffre

Une maigre barricade s'élève, à l'angle de la rue du Faubourg-Saint-Antoine et de la rue de Cotte alors que deux colonnes militaires parties de la Bastille s'élancent au pas de course dans le faubourg. À leur vue, Schoelcher descend de la barricade et, suivi de sept élus de la nation, s'avance vers un capitaine. La troupe ralentit l'allure, s'arrête et met en joue. Le capitaine Petit fait fixer les baïonnettes. Les soldats s'exécutent mais ne montrent aucune agressivité. L'un d'entre eux serre la main du député Bruckner.

De la barricade, on ne voit pourtant qu'une chose : les militaires entourent les hommes de la Nation. Vont-ils être emmenés ? Fusillés ? La tension est extrême. Un coup de feu claque qui atteint mortellement un soldat.

Aussitôt, les deux compagnies, contournant la délégation parlementaire, s'élancent et font feu sur la barricade. Toute résistance est vaine. Trois balles transpercent le député Baudin. Les insurgés se dispersent sans que les soldats cherchent à les poursuivre ni à les faire prisonniers.

Victor Schoelcher et les siens s'en vont dans d'autres faubourgs pour exalter encore le combat de la République. La lutte est sans espoir ; plus personne n'a d'illusion.

4 décembre 1851

La fusillade des boulevards

6

Le boulevard de Bonne-Nouvelle fut le théâtre d'une sanglante fusillade. Peinture de Gustave Barry. © PMVP/Briant

L'agitation doit cesser. La proclamation du général Saint-Arnaud est affichée depuis la veille : "Tout individu pris construisant ou défendant une barricade ou les armes à la main sera fusillé." Vers 14 heures, une troupe de 30 000 hommes est entrée dans la capitale. Sur la rive gauche, une garnison prévient toute attaque des étudiants. De l'autre côté de la Seine, les faubourgs Saint-Martin et Saint-Denis sont encerclés. Les Parisiens sont aux fenêtres. Les soldats sont stationnés sur les boulevards où les badauds se mélangent aux Républicains révoltés. Les commerces sont ouverts, les cafés bondés.

Boulevard de Bonne-Nouvelle, à hauteur de la rue Saint-Denis, une rixe éclate. Un coup de feu part, suivis d'autres. En rangs serrés, la troupe descend le boulevard et ouvre le feu sur une foule affolée. Le massacre s'étend de la porte Saint-Denis à la Madeleine. Un canon est entré en action. L'armée poursuit hommes, femmes et enfants dans les rues avoisinantes, force les portes cochères, l'entrée des commerces. Une violence aveugle se déchaîne. Au soir, les rares barricades ont été abattues.

Combien y eut-il de morts en cet après-midi du jeudi 4 décembre ? On relèvera les corps de 26 soldats et on estime à au moins 380 le nombre des civils tués. ■

1870-1871

La Commune de Paris

{De septembre 1870 à mai 1871}

Le second Empire chute avec Sedan. À Paris, dès le 4 septembre 1870, un gouvernement provisoire de Défense nationale, dirigé par le général Trochu, rétablit la République et promet de chasser l'ennemi hors de France.

Cependant, les Prussiens marchent sur la capitale et, à la mi-septembre, l'encerclent entièrement. Trochu, soucieux de l'indiscipline et de l'impréparation militaire des troupes, numériquement considérables, dont il a le commandement, paraît peu disposé à l'affron-

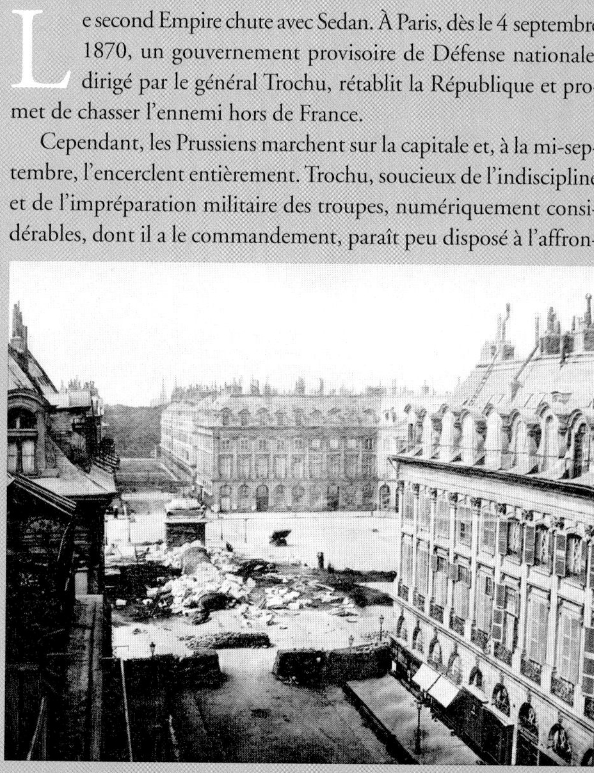

Les barricades place Vendôme, rue de la Paix et rue de Castiglione.
© CEDIAS-Musée social

Désespérés, les Communards décident d'incendier tous les édifices publics parisiens. Estampe de Duval. © PMVP/Degraces

tement. Quelques escarmouches restent sans suite. Gambetta, ministre de la Guerre et de l'Intérieur, chef du parti radical, qui prônait l'évacuation du gouvernement pour organiser la résistance nationale, quitte Paris assiégé le 8 octobre pour regagner Tours. Jusqu'à l'hiver, la vie quotidienne reste supportable aux Parisiens mais, bientôt, la disette menace.

Le 28 janvier 1871, Thiers signe un armistice avec Bismarck. La démission de Gambetta l'avant-veille des élections du 8 février sonne l'heure d'une majorité conservatrice et monarchiste. Méfiante à l'endroit de la capitale, elle vote le 10 mars la suppression de la solde des gardes nationaux et la cessation du moratoire sur les loyers. Or Paris, depuis quatre mois, est troublée. Les rigueurs du siège, le sentiment de trahison et de capitulation raniment les appels des révolutionnaires. Les gardes nationaux ont élu un Comité central le 3 mars et se sont fédérés le 10. Au même moment, Adolphe Thiers veut récupérer les canons que les gardes ont encore sous leur contrôle, au sommet de la butte Montmartre. Les efforts de Clemenceau, désireux d'apaiser le différend, sont proches d'aboutir quand Paris apprend les mesures du gouvernement affectant au premier chef les ouvriers enrôlés dans la garde nationale, mais aussi la petite bourgeoisie. Les positions se durcissent aussitôt. L'opération de récupération des pièces d'artillerie se solde par un échec complet. Tout Paris se soulève : ouvriers, chômeurs, commerçants et artisans ruinés par l'abrogation du moratoire sur les loyers. Le maire, Jules Ferry, est contraint de s'enfuir tandis que le

Adolphe Thiers (1797-1877), membre éminent du parti conservateur, c'est l'un des plus farouches adversaires de la Commune. © Roger-Viollet

Comité central des fédérés de la garde nationale proclame la Commune de Paris. La ville, à présent livrée à elle-même, veut organiser son autogestion administrative sans pour autant songer à renverser le régime. Surtout, elle demeure inconsciente du péril qui la guette depuis Versailles où se sont repliés l'Assemblée et le gouvernement. Sa défense, incertaine, inorganisée, manque de chefs malgré un Rossel ou un Dombrowski.

Le 21 mai, l'armée régulière du maréchal Mac-Mahon pénètre dans Paris. Huit jours plus tard, la Commune est morte.

Aucun camp ne saurait avoir l'exclusivité des crimes et des exactions : les généraux Lecomte et Thomas ont été assassinés par les insurgés le 18 mars, des otages des Communards ont été sommairement exécutés comme ce fut le cas rue Haxo. Au total, 1 000 soldats versaillais sont tombés, surtout à partir du 23 mai, quand les incendies ravagent Paris. Mais les plateaux de cette terrible balance ne sont pas en équilibre : l'impitoyable répression conduite par le général Galliffet durant la "semaine sanglante" prend le tour d'un massacre systématique. Entre 20 000 et 30 000 Parisiens y laissent la vie.

L'Assemblée nationale le 4 septembre 1870, après la proclamation de la déchéance de l'Empire. Peinture de Jules Didier et de Jacques Guiaud. © PMVP/Joffre

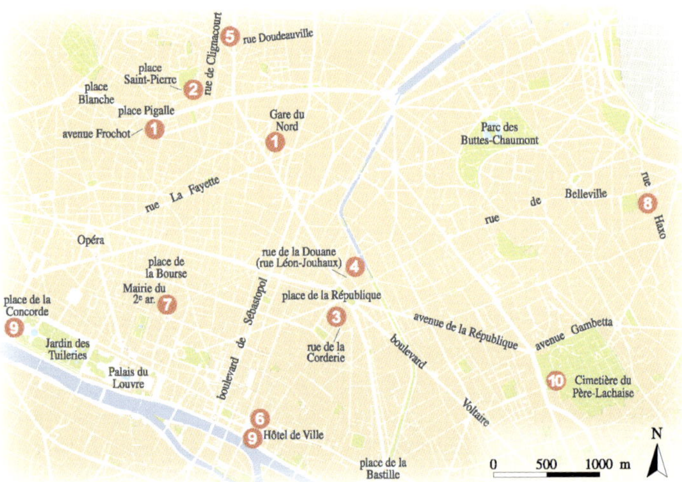

Peu embarrassée de représentativité, la Commune de Paris a voulu puiser sa légitimité dans les souffrances du peuple des faubourgs. Ultime manifestation du romantisme révolutionnaire à la française, ce tragique épisode n'est pas sans rappeler la "sans-culotterie" de 1793, avec une volonté – sinon des effets – moins sanguinaire. L'utopie a viré au cauchemar, jusqu'à la volonté d'"incinérer Paris" alors que tout est perdu.

5 septembre 1870
De la gare du Nord au 5, avenue Frochot

1

Victor Hugo rentre d'exil. À Bruxelles, il a appris la chute de l'Empire, la proclamation de la République… mais aussi le désastre de Sedan, le repli des forces armées derrière les fortifications parisiennes. L'arrivée en gare du Nord, à 21 heures, est triomphale : les quais acclament le grand homme – Vive Victor Hugo ! – qui, à son tour, lance d'enflammés "Vive l'armée !" La foule en liesse s'apprête à porter le poète jusqu'à l'Hôtel de Ville, mais Hugo ne veut pas s'opposer au gouvernement de Défense nationale. Bien que ses membres aient certes tous prêté serment sous l'Empire et que tous les Jules (Favre, Ferry, Simon) soient très modérés, ce qui compte c'est d'abord la paix.

Le domicile du journaliste Paul Meurice, 5, avenue Frochot. C'est là que Victor Hugo résida à son retour d'exil.

Hugo se rend au 5 de l'avenue Frochot, où demeure son fidèle ami et journaliste républicain Paul Meurice. La voiture met bien deux heures avant d'atteindre la rue de Laval (actuelle rue Victor-Massé). Pour le peuple de Paris, Victor Hugo figure l'âme même de la liberté et de la victoire.

Les lendemains sont amers. L'ancien proscrit qui veut s'engager dans la garde nationale ne reçoit aucune réponse du général Trochu, gouverneur militaire de Paris. Ce dernier est-il d'ailleurs vraiment disposé à combattre ? Ou redoute-t-il surtout un soulèvement des faubourgs ?

8 OCTOBRE 1870

Place Saint-Pierre de Montmartre

2

Gambetta quitte Paris assiégé en ballon pour rejoindre Tours. Peinture de Jules Didier et de Jacques Guiaud.

Un mois plus tôt, Gambetta prônait une évacuation du gouvernement hors de Paris. Le ministre de l'Intérieur et de la Guerre passe aux actes le 8 octobre alors que la ville est assiégée depuis le 19 septembre.

Place Saint-Pierre de Montmartre, une foule populaire et patriote est venue saluer le départ en montgolfière du farouche radical. Dans la nacelle, le pilote Trichet s'affaire aux derniers préparatifs. Gambetta, revêtu d'une chaude veste, et Spüller, ami fidèle, montent à bord de l'*Armand-Barbès*.

Que peut un gouvernement prisonnier dans Paris ? Gambetta veut rejoindre Tours pour galvaniser les armées de la Loire, mobiliser des volontaires pour sauver la Patrie !

Tandis que l'*Armand-Barbès* s'élève, narguant l'ennemi, la foule enthousiaste ne sait pas encore que le dernier espoir de victoire est en train de s'envoler.

6 janvier 1871

14, rue de la Corderie

Gambetta a beau rappeler que "Paris a faim et nous réclame" et exiger d'Aurelle de Paladines qu'il pousse sur Paris son armée de la Loire, Trochu tergiverse encore.

Au siège de l'Association internationale des travailleurs, 14, rue de la Corderie, tous les mouvements d'extrême gauche – Jacobins, blanquistes, proudhoniens – parviennent à faire taire leurs divergences. Ils ont formé un Comité républicain des vingt arrondissements de Paris et cette délégation est convaincue de la nécessité de chasser "les hommes de l'Hôtel de Ville" pour "laisser le peuple de Paris prendre lui-même le soin de sa délivrance".

Comme en 1789, le peuple doit monter à l'assaut des nouvelles Bastilles que sont les capitulations, la trahison, la misère. À la hâte, Vallès, Leverdays, Vaillant et Tridon rédigent une proclamation, composée et imprimée dans la nuit. Les Parisiens, préoccupés de leur subsistance, restent encore indifférents à cette affiche rouge proclamant en grands caractères : "Place au peuple ! Place à la Commune !"

À gauche : Cet immeuble, au 14, rue de la Corderie, était le siège de l'Association internationale des travailleurs. © J. Lebar

Ci-dessous : L'armée allemande assiège et bombarde Paris qui ne tarde pas à succomber à la famine. © PMVP/Trocaz

10 et 15 mars 1871

12-16, rue Léon-Jouhaux

Réunie dès la fin du mois de février au Tivoli-Wauxhall, 12-16, rue de la Douane (actuelle rue Léon-Jouhaux), la garde nationale entend s'opposer à l'abandon de la patrie par le gouvernement de Thiers et à la répression du peuple, déjà durement éprouvé par les rigueurs du siège hivernal.

Les chefs de cette armée populaire constituent un Comité central et, le 3 mars, les gardes nationaux se fédèrent. Le 10, les

Les canons de la garde nationale sur la butte Montmartre. À droite, la tour Solférino. Estampe de Trichon et Lix. © PMVP/Degraces

nouveaux statuts, transformant la garde nationale en Fédération républicaine, sont adoptés.

La défense de la République, le refus de rendre les canons des bataillons (depuis l'armistice, les gardes nationaux ont conservé leurs armes) et la solidarité des fédérés en sont les objectifs principaux.

Par ailleurs, le Comité central est remanié et s'ouvre aux membres, jusqu'alors éloignés, de l'Association internationale des travailleurs. Avant de se séparer, le Comité jure de "tout sacrifier" à ses "immortels principes" incarnés dans une nation souveraine sans roi ni maîtres imposés où les "citoyens libres se gouvernent à leur gré" qui pourront révoquer "à tous les degrés du pouvoir" les agents responsables. Alors, la "sublime devise" Liberté, Égalité, Fraternité ne sera plus un vain mot.

Le 15 mars, les très nombreux délégués de la Fédération républicaine se retrouvent encore au Tivoli-Wauxhall pour une assemblée générale qui ne sera guère productive car elle se perd en palabres stériles.

18 mars 1871

De Château-Rouge au 6, rue des Rosiers

5

À l'aube, quelques détonations déchirent le silence sur le flanc est de la butte. Alors qu'une colonne de soldats atteint le Moulin de la Galette, la sentinelle Turpin, veillant sur les canons de la garde nationale, lance les sommations. Il tombe, touché mortellement par une balle. Une femme, Louise Michel, accourt aussitôt et donne l'alerte. "Trahison ! Trahison !"

Clemenceau, maire de Montmartre, se rend immédiatement lui aussi sur les lieux et intercède – en vain – auprès du général Lecomte. Les tambours battent le rappel des fédérés.

Les Montmartrois s'éveillent à peine alors que quarante canons ont déjà été enlevés du parc. Thiers met à exécution les avis qu'il a fait placarder sur les murs, sommant la garde nationale de restituer les canons dérobés à la puissance publique. Les attelages prévus pour l'enlèvement de l'artillerie arrivent rue Lepic. Tout Montmartre se rassemble. Femmes, enfants, vieillards se précipitent et sectionnent les harnais. Rue Doudeauville comme place Blanche, les soldats mettent crosse en l'air. "Vive la République !"

Place Pigalle, les cavaliers de Susbielle font volte-face. Le capitaine Saint-James veut charger, sabre au clair. On l'abat. Susbielle se retire.

Le général Lecomte est fait prisonnier et confié à la garde du capitaine Mayer au parc du Château-Rouge (à hauteur du 58, rue de Clignancourt). Vers 15 heures, le capitaine Garcin, escorté de 60 gardes nationaux, se présente muni d'un billet ordonnant le transfert du général au 6, rue des Rosiers, poste de commandement du bataillon du 18e. Le document, frappé du timbre d'un obscur comité, est revêtu de quatre paraphes illisibles. Le capitaine s'exécute

Les canons confisqués à la garde nationale sur l'ordre de Thiers sont rapportés par le peuple à Montmartre. Estampe de Jules Gaildrau. © PMVP/Briant

Intérieur du Château-Rouge, quartier général de la garde nationale de Montmartre, où fut retenu prisonnier le général Lecomte. Estampe de Louis-Joseph Amédée Daudenarde d'après Sahib. © PMVP/Briant

et livre son prisonnier au Comité des fédérés. Lecomte est reconnu en chemin ; une foule nerveuse de femmes et de déserteurs menaçants se joint à la troupe du capitaine Garcin. On parvient néanmoins au 6, rue des Rosiers. Les hurlements redoublent : "À mort !" Le chef de poste Kazdovski sort et annonce la comparution immédiate du général. Les interrogatoires vont commencer alors que l'attroupement ne s'est pas dispersé devant la grille du jardin.

Les généraux Thomas et Lecomte sont reconnus coupables de trahison et fusillés le 18 mars 1871. © PMVP/Ladet

Un autre comité amène un nouveau prisonnier à barbe blanche. Il s'agit du général Thomas, arrêté devant La Cigale, au 120, boulevard Rochechouart, alors qu'il inspectait une barricade. Lui aussi doit être jugé, coupable d'avoir réprimé les ouvriers en 1848 et abandonné Paris à la défaite lors du siège. La foule, déchaînée, force la grille, trouve la chambre des deux prisonniers, s'empare de Clément Thomas, le plaque sans ménagement contre un mur du jardin et l'exécute de quinze balles tirées une à une. Le général s'effondre, son chapeau à la main. Lecomte, saisi à son tour, est abattu d'une balle dans le dos. On s'acharne à tirer sur les cadavres. Puis la foule, hébétée, se disperse.

Le nord, l'est et le centre de Paris se sont soulevés. Des fédérés marchent sur l'Hôtel de Ville. Adolphe Thiers, retranché au quai d'Orsay, mesure son échec. Il s'enfuit en toute hâte de Paris et rejoint Versailles.

18 et 19 mars 1871
Hôtel de Ville

6

22 heures. Jules Ferry abandonne l'Hôtel de Ville cerné par les fédérés qui, cependant, ne donnent pas l'assaut. C'est bientôt de la mairie du 1er arrondissement – où il avait trouvé refuge – qu'il doit s'enfuir par une fenêtre alors que la foule se fait menaçante.

Vers 23 heures, les gardes nationaux des 13e et 5e arrondissements prennent possession de la préfecture de police, sans qu'un seul coup de feu ne soit tiré. Après l'est et le nord, le centre de Paris est désormais aux mains de la Fédération républicaine. Le Comité central occupe l'Hôtel de Ville. On nomme Lullier à la tête de la garde nationale. Le drapeau rouge flotte sur Paris.

Au matin du 19 mars, toutes les troupes ont disparu de Paris et les ministres se sont repliés à Versailles. Le peuple jouit de sa liberté nouvelle, sans maître ni chef. La Fédération assure le pain quotidien.

"Garde national : estafette du comité central." Képi bleu noir à passepoil rouge. Vareuse noire. En bandoulière, une sacoche avec fermoir en cuir jaune. (...) À côté, le nœud de la ceinture rouge.

Le Comité central se réunit à 8 heures 30. Il veut établir l'indépendance administrative des Parisiens, sans s'occuper de leur gouvernement. Cette autogestion démocratique est bien distincte des appels vibrants – mais isolés – des révolutionnaires qui souhaitent marcher sur Versailles pour disperser l'Assemblée. Cependant, Édouard Moreau, porte-parole de la Fédération, juge utile de "régulariser la situation" par des élections municipales. Il n'est question que de faire valoir les droits de Paris et non de toute la France : une fois élus les nouveaux maires d'arrondissement, le Comité central s'effacera devant la République. Les élections sont prévues pour le 22 mars.

Un sergent-major de la garde nationale en 1871. © CEDIAS-Musée social

Vers 20 heures, une délégation d'élus parisiens – radicaux avec Clemenceau, partisans de la démocratie sociale avec Millière ou de l'Internationale derrière Tolain ou Mottu – arrive à l'Hôtel de Ville. Moreau et les siens, exaspérés par les "plébiscites ruraux" qui soumettent le peuple de Paris à l'oppression et à la misère, refusent toute reconnaissance par l'Assemblée élue. Paris doit se constituer en commune autonome qui pourrait se fédérer avec d'autres communes. Relayant Clemenceau, qui demande au Comité son retrait au profit du pouvoir légal, Millière prévient : "Prenez garde, si vous déployez ce drapeau, le gou-

Une séance de la Commune dans la salle des maires de l'Hôtel de Ville. Estampe de Louis-Joseph Amédée Daudenarde et Deroy. © PMVP/Briant

Entrée du 8, rue de la Banque, mairie de l'actuel 2e arrondissement.
© S. Ageorges

vernement jettera toute la France sur Paris et j'entrevois dans l'avenir quelques fatales journées de Juin. L'heure de la révolution sociale n'a pas encore sonné." Mais le Comité proteste qu'il ne veut pas la révolution, seulement des élections ! Clemenceau insiste : est-il simplement question de demander à l'Assemblée un conseil municipal pour Paris ? Eugène Varlin prend la parole : oui, le Comité veut autre chose que des élections, oui il veut des assurances pour les Parisiens qui ne peuvent plus payer leurs loyers, mais aussi le retrait de l'armée à vingt lieues, la suppression de la préfecture de police, le droit pour la garde nationale de nommer et ses officiers et son chef... C'est en vain que les élus de Paris plaident que seuls des représentants légaux de la République obtiendraient du gouvernement certains accords. La nuit tombe ; la délégation des maires se retire. Le Comité poursuit imperturbablement ses délibérations.

Nuit du 19 au 20 mars 1871
8, rue de la Banque

7

Vers 22 heures 30, les discussions reprennent, cette fois-ci à la mairie du 2e arrondissement. Arnold, du Comité central, subordonne le retrait des fédérés de l'Hôtel de Ville et des bâtiments publics à l'organisation d'élections.

Cependant, les élus réguliers, Louis Blanc, Schoelcher et Tirard, récusent toute légitimité aux représentants du Comité. S'ils acceptent de parlementer ici, c'est uniquement pour éviter que le sang ne coule mais ils ne sauraient s'associer au Comité. Le fédéré Jourde s'emporte : la garde nationale a élu ses délégués au Wauxhall. Il veut quitter la salle mais son camarade Varlin le retient. Les élus parisiens s'engagent à déposer un projet de loi en faveur d'élections municipales et un accord se fait. Pour le lendemain, 20 mars à 10 heures, l'Hôtel de Ville sera évacué.

Le 20 mars, Clemenceau défend devant la Chambre, à Versailles, le projet de loi d'une élection municipale immédiate à Paris. L'Assemblée ne se laisse pas convaincre. Ce même jour, à 10 heures, les fédérés, conduits par Édouard Moreau, refusent de se retirer de l'Hôtel de Ville. Partir serait se désarmer. Faute d'une issue politique, ce sera donc la guerre civile.

Eugène Varlin (1839-1871), membre du Comité central de la garde nationale, fut un des chefs de file de la Commune de Paris.
© CEDIAS-Musée social

Nuit du 23 au 24 mai 1871
85, rue Haxo

8

Les derniers élus du Comité central quittent la mairie du 11e, errent dans Belleville et se réfugient rue Haxo, poste de commandement fédéré du 20e arrondissement. Dans la plus grande confusion, on prône la dictature de salut public avec Varlin à sa tête. Sur fond de canonnade, des blessés sont rapatriés en vue de soins improbables, des officiers s'affairent, des enfants vont et viennent.

Le colonel Gois arrive de la prison de la Roquette vers 18 heures avec un groupe de 34 gendarmes, 10 religieux et 4 délateurs de la police impériale. Ces prisonniers sont aussitôt injuriés et menacés par la foule qui les pousse dans une tranchée contre un mur de la cité Vincennes. Sérailler et Pyat s'interposent. Varlin accourt mais demeure impuissant à calmer les fureurs. On tire. Les 58 hommes s'effondrent. Un témoin qui a le malheur de crier "Vive l'Empereur" tombe, à son tour fusillé.

Ci-contre : Félix Pyat (1810-1889), journaliste socialiste, fondateur du journal *Combat*, il fut un membre influent de la Commune. © CEDIAS-Musée social

À droite : Affiche officielle de Thiers du 25 mai 1871 déclarant la victoire de l'armée. © CEDIAS-Musée social

85, rue Haxo : immeuble construit à l'emplacement du poste de commandement des fédérés du 20e. © S. Ageorges

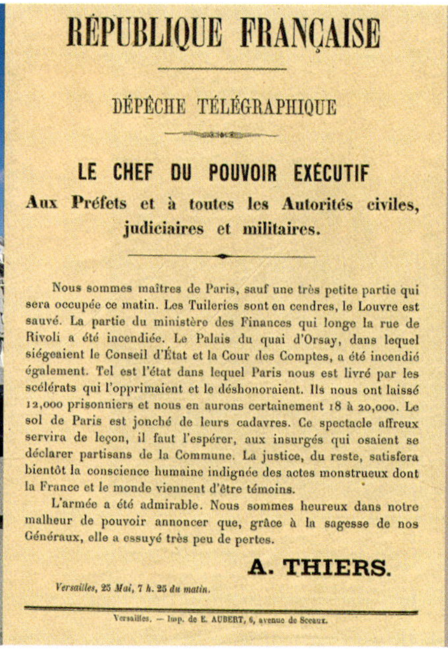

RÉPUBLIQUE FRANÇAISE

DÉPÊCHE TÉLÉGRAPHIQUE

LE CHEF DU POUVOIR EXÉCUTIF

Aux Préfets et à toutes les Autorités civiles, judiciaires et militaires.

Nous sommes maîtres de Paris, sauf une très petite partie qui sera occupée ce matin. Les Tuileries sont en cendres, le Louvre est sauvé. La partie du ministère des Finances qui longe la rue de Rivoli a été incendiée. Le Palais du quai d'Orsay, dans lequel siégeaient le Conseil d'État et la Cour des Comptes, a été incendié également. Tel est l'état dans lequel Paris nous est livré par les scélérats qui l'opprimaient et le déshonoraient. Ils nous ont laissé 12,000 prisonniers et nous en aurons certainement 18 à 20,000. Le sol de Paris est jonché de leurs cadavres. Ce spectacle affreux servira de leçon, il faut l'espérer, aux insurgés qui osaient se déclarer partisans de la Commune. La justice, du reste, satisfera bientôt la conscience humaine indignée des actes monstrueux dont la France et le monde viennent d'être témoins.

L'armée a été admirable. Nous sommes heureux dans notre malheur de pouvoir annoncer que, grâce à la sagesse de nos Généraux, elle a essuyé très peu de pertes.

A. THIERS.

Versailles, 25 Mai, 7 h. 25 du matin.

Versailles. — Imp. de E. AUBERT, 6, avenue de Sceaux.

23 et 24 mai 1871

De la place de la Concorde à l'Hôtel de Ville

9

Barricade à l'angle de la place de la Concorde et de la rue de Rivoli, l'un des derniers bastions de la résistance communarde.

Tandis qu'à 13 heures le premier corps du général Ladmirault s'est rendu maître de Montmartre et que le drapeau tricolore flotte sur la tour Solférino, le quatrième corps du général Douay essuie toujours le feu des bataillons de Brunel, place de la Concorde. Six canons bombardent les Versaillais depuis la terrasse des Tuileries, appuyés par l'artillerie du "Château-Gaillard", à l'angle des rues de Rivoli et Saint-Florentin. L'ennemi répond par des tirs d'obus. Le ministère des Finances, rue de Rivoli, prend feu. Comme la nuit tombe, les barricades de la rue Royale livrent leurs derniers combats. Brunel incendie les maisons autour du "Château-Gaillard" vaincu.

Partout dans Paris les flammes s'élèvent. La Commune se sait perdue. Demain le drapeau blanc de la monarchie flottera à nouveau. Puisque la Commune est morte, il faut "incinérer Paris, plutôt que de le rendre profané, vaincu, asservi aux Prussiens et aux Bourbons !" Dans la nuit du 23 au 24 mai, l'ordre est tombé de mettre le feu aux bâtiments publics. Les tonneaux de poudre sont

CH. NODIER
S. ARAZIN

prêts. Bergeret incendie les Tuileries, Bénot le Louvre, Pinoly l'Hôtel de Ville.

Les Versaillais progressent dans les fumées et la fournaise. La terreur, la haine s'exaspèrent. On tue pour tuer.

Le général Douay dépêche une division aux Tuileries pour tenter de circonscrire le terrible sinistre. Une autre division investit la place de la Bourse et protège la Banque de France. Vers 21 heures, l'Hôtel de Ville et la caserne Lobeau, en flammes, sont sous la garde du général Vergé.

Au soir du 24 mai, presque tout Paris est contrôlée par l'armée de Mac-Mahon.

Page de gauche : Combat des derniers insurgés au Père-Lachaise le samedi 27 mai 1871 à 8 heures du soir. © PMVP/Briant

27 mai 1871

Cimetière du Père-Lachaise

10

Depuis le milieu de l'après-midi, 200 fédérés retranchés dans le cimetière du Père-Lachaise soutiennent le siège des Versaillais. L'armée, redoutant un feu nourri de l'artillerie, n'a pas pris d'assaut les murs. En réalité, les combattants sont pratiquement à court de munitions. La troupe finit par bombarder la grande porte d'entrée et, vers 18 heures, pénètre dans le cimetière. On se bat à l'arme blanche au milieu des tombes.

Le lendemain, le dernier coup de feu de la Commune tonne à midi, rue de Paris, et la dernière barricade tombe, rue Ramponneau. ■

La dernière barricade prise par les Versaillais le 28 mai 1871 à 13 heures. © Archives Gérald Bloncourt

1885

Les funérailles de Victor Hugo

{1er juin 1885}

L'exposition du corps de Victor Hugo à l'arc de Triomphe, point de départ du cortège funèbre. Extrait du *Journal Illustré* du 7 juin 1885. © PMVP/Trocaz

Quand la Chambre apprend, le 22 mai 1885, la mort de Victor Hugo, elle suspend sa séance puis vote des funérailles nationales. L'église Sainte-Geneviève, transformée en Panthéon républicain, est de nouveau consacrée au culte des grands hommes et la dépouille du poète y sera déposée.

Quel parcours empruntera le cortège funèbre ? Les socialistes inclinent pour une procession passant par le centre de Paris et aboutissant à Notre-Dame.

Mais l'Assemblée, redoutant une réaction des anciens communards nouvellement amnistiés, veut écarter tout risque d'émotion populaire. Ralliant l'Étoile au Panthéon, c'est donc par le très conservateur faubourg Saint-Germain que passera le cortège.

Victor Hugo a été tour à tour royaliste, romantique, conservateur, libéral… mais c'est son engagement aux côtés du peuple, puis son exil sou Napoléon III que la IIIe République veut ériger en mémoire d'elle-même.

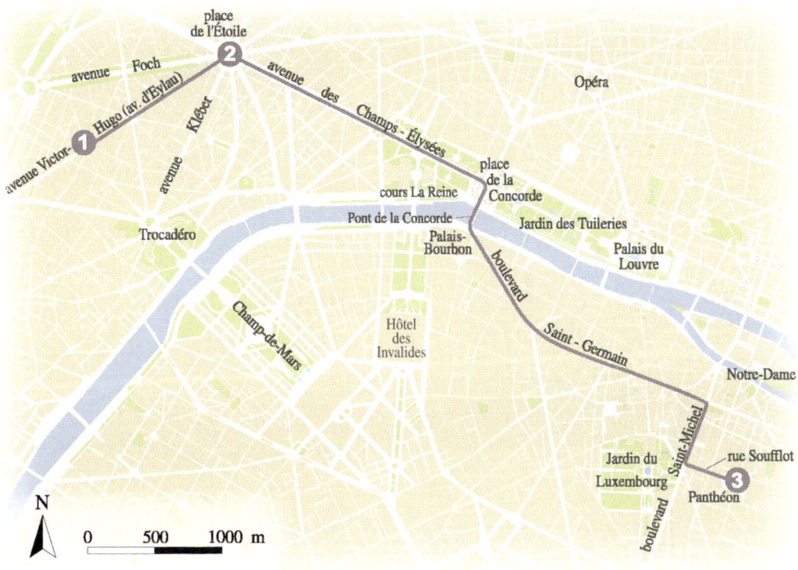

22 mai 1885

124, avenue Victor-Hugo

La triste nouvelle n'est pas une surprise : depuis quelque temps déjà, on savait Hugo condamné, souffrant d'une lésion au cœur et d'une congestion cérébrale.

Avenue d'Eylau – mais tout le monde l'appelle avenue Victor-Hugo – les anonymes se pressent et fixent la fenêtre aux volets fermés du premier étage. Le 27 février dernier, il y était apparu pour son anniversaire et on avait lancé des fleurs en pleurant et en riant : "Vive la République ! Vive Victor Hugo !"

Aujourd'hui, les personnalités parisiennes, les membres du gouvernement ou de l'Académie se suivent dans la demeure pour un ultime adieu. "Le combat de la nuit contre le jour" est proche de son terme. Ce vendredi 22 mai, le grand écrivain a encore pu coucher quelques mots sur le papier – "Aimer, c'est agir" – puis a murmuré : "Je vois la lumière noire." À 13 heures 27, Victor Hugo expire. Victorien Sardou paraît sur le seuil, grave. Le silence d'un instant est rompu par les pleurs, les murmures, les poèmes qu'on récite à voix haute, et les cris, encore, de "Vive Victor Hugo !"

Plaque commémorative au 124, avenue Victor-Hugo. © S. Ageorges

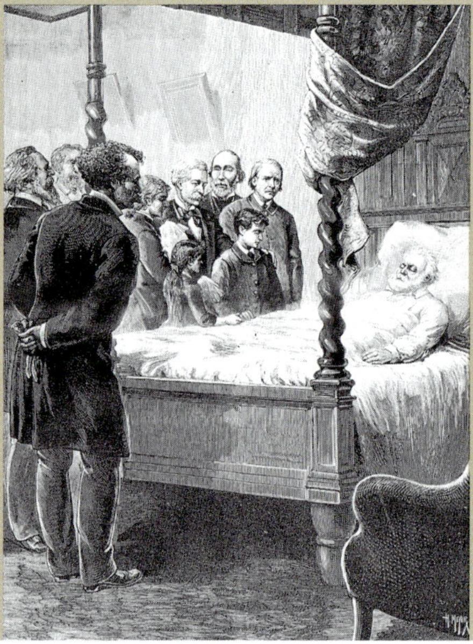

Ci-dessus : La demeure de l'écrivain au 124, avenue d'Eylau (actuelle avenue Victor-Hugo). © PMVP/Trocaz

À gauche : La mort de Victor Hugo : l'écrivain disparaît entouré de ses proches. © Collection Roger-Viollet

Les Parisiens ne cessent d'affluer devant la demeure en deuil.

Alors qu'en haut lieu on pense déjà aux préparatifs des obsèques, la famille fait connaître les volontés du grand homme : "Je donne 50 000 francs aux pauvres. Je désire être porté au cimetière dans leur corbillard. Je refuse l'oraison de toutes les églises ; je demande une prière à toutes les âmes. Je crois en Dieu."

31 mai 1885

De l'avenue Victor-Hugo à l'Étoile

2

Depuis le 22 mai, plus de cinq mille personnes se rendent quotidiennement en pèlerinage avenue d'Eylau.

Sur proposition de Clemenceau, la Chambre puis le Sénat ont voté l'organisation de grandioses funérailles : le catafalque du plus grand poète de tous les temps sera exposé sous l'Arc de triomphe, puis transporté de la place de l'Étoile jusqu'au Panthéon. Le programme officiel de la cérémonie est publié dans la presse ; la nation toute entière s'est appropriée la figure hugolienne et entend lui rendre un dernier hommage. Dès que la nouvelle est connue, une foule considérable se dirige vers le quartier de l'Étoile et envahit ses avenues rayonnantes.

La levée du corps a eu lieu avenue d'Eylau à 6 heures du matin en présence des vingt maires d'arrondissement de Paris. Le cercueil

À droite : Un bas-relief à l'effigie de l'auteur des *Misérables* se trouve au-dessus de la porte du 124, avenue Victor-Hugo.

a été déposé sur le corbillard des pauvres. La foule lance de vibrants "Vive Victor Hugo !" et escorte le char funèbre jusqu'à l'Étoile.

Plusieurs centaines de milliers de personnes se pressent vers le centre de la place pour rendre un dernier hommage. Le cercueil d'Hugo reste exposé jusqu'au lendemain, lundi, décrété férié pour la circonstance. Partout sous les frondaisons des Champs-Élysées se raconte l'épopée de Gavroche. On déclame des vers du poète, on chante des hymnes à sa gloire ; les camelots distribuent portraits, chansons, épingles de cravate. Un peu plus loin, on mange sur les pelouses, on circule, on va aux nouvelles, on fait la sieste.

Au soir, les écoliers qui veillaient le grand homme s'en vont et douze jeunes poètes les relaient à la lueur des flambeaux.

1er juin 1885

De l'Étoile au Panthéon

3

Vingt et une salves des canons de l'hôtel des Invalides retentissent dans le ciel de Paris. À 10 heures 30, les premiers orateurs ont pris place au pied de l'Arc. Les représentants de l'État et de la Ville prononcent des discours dont l'éloquence est à la mesure des circonstances. Les poètes qui ont veillé toute la nuit, des représentants de la presse et de sociétés artistiques ainsi qu'une délégation de Besançon, la ville natale de Victor Hugo, entourent la famille qui suit le

Place de l'Étoile, tout Paris semble vouloir rendre hommage à la dépouille du poète. On grimpe sur des échelles pour mieux voir. Peinture de Jean Beraud © PMVP/Ladet et © ADAGP, Paris 2004

cercueil. Le cortège funèbre, grandiose, est constitué des chars de plus de deux cents délégations, ponctué de fanfares et de cavalcades militaires – très applaudies. Toutes les fenêtres donnant sur les Champs-Élysées ont été prises d'assaut. Huit cent mille personnes sont rassemblées.

Sur le cours la Reine, devant le Palais de l'Industrie ; une immense statue d'Hector Lemaire, *L'Immortalité*, résume la pensée générale. Au pont de la Concorde, un lâcher de pigeons produit également un grand effet.

Sur la rive gauche, les escaliers du Palais-Bourbon sont convertis en tribune des députés. La procession funèbre précédée des gardes à cheval s'engage sur le boulevard Saint-Germain. Mais à l'entrée du faubourg si conservateur, des manifestants protestent, immédiatement dispersés. Aussitôt saisis, aucun de leurs drapeaux – noir ou rouge – ne peut être déployé. Les acclamations redoublent. La garde républicaine, qui ferme le cortège, se fait plus vigilante. Le cortège remonte sans encombre le boulevard Saint-Michel. Au bas de la rue Soufflot, une immense statue du disparu regarde le Panthéon. À toutes les fenêtres – celles-ci, rue Soufflot, furent les plus convoitées – les Parisiens se penchent. Devant le Panthéon, les derniers orateurs, essentiellement représentants de la république des arts, achèvent leurs discours vers 19 heures.

Le cercueil pénètre enfin dans le Panthéon. Une cohue imprévue de députés, de maires et autres sénateurs force l'entrée ; l'ambiance est plus à la foire d'empoigne qu'au recueillement. La dépouille de Victor Hugo est descendue dans le caveau et déposée sur des tréteaux. Les portes se referment mais pas les cœurs ; plusieurs jours durant, la foule viendra glaner çà et là un fragment de couronne, un pétale fané, une lyre en carton… comme autant de reliques. ■

Ci-dessus : Le “corbillard des pauvres” remontant la rue Soufflot. © PMVP/Trocaz

A gauche : Le cortège funèbre traverse le pont de la Concorde pour rejoindre le faubourg Saint-Germain. © PMVP/Trocaz

Pendant des jours, les Parisiens viendront rendre hommage à l'auteur disparu. Peinture de Jean-Paul Sinibaldi. © PMVP/Joffre

1894

L'arrestation du capitaine Dreyfus

{ 15 octobre 1894 }

Accusé de trahison par un tribunal militaire en 1895, le capitaine Alfred Dreyfus endure sa condamnation au bagne de l'île du Diable depuis trois ans.

Malgré les efforts incessants de son frère Mathieu et de quelques amis – Bernard Lazare, Reinach… – convaincus eux aussi de l'innocence de l'officier, rien ne semble pouvoir mettre un terme à ce cauchemar judiciaire.

Pourtant, durant l'été de 1898, le vice-président du Sénat, Scheurer-Kestner, fait savoir publiquement ses doutes et demande, en vain,

Anthropométrie judiciaire du capitaine Dreyfus, réalisée le 5 janvier 1895. © DR

l'intervention du président de la République, Félix Faure. Ce dernier n'avait pas davantage été troublé par le retentissant "J'accuse" (13 janvier 1898) d'Émile Zola, à la une de *L'Aurore*, le journal de Clemenceau. Cette publication et le procès de Zola qui s'ensuivit en février transformèrent définitivement l'affaire Dreyfus en "l'Affaire". Gracié en août 1899 par le président de la République Loubet, Dreyfus ne sera réhabilité et rétabli dans son grade militaire qu'en 1906.

Crise politique majeure de la IIIe République, l'affaire opposa violemment les Français dreyfusards, essentiellement recrutés à gauche, laïques et républicains, aux antidreyfusards, de droite, catholiques et fréquemment antisémites. Elle conduira à un reclassement politique profond que seule l'union sacrée, à la veille de la guerre, fera un temps oublier.

15 octobre 1894
14, rue Saint-Dominique

1

Le capitaine Dreyfus embrasse sa femme Lucie. Samedi, il a reçu une convocation pour le lundi 15 octobre 1894 au ministère de la Guerre ; à 9 heures et en "tenue bourgeoise", précise le carton. L'officier quitte son appartement du 5, avenue du Trocadéro et se rend à pied rue Saint-Dominique malgré l'air très vif de ce matin d'automne. Paris est magnifique.

Le commandant Picquart introduit Dreyfus dans le bureau du général de Boisdeffre, chef d'état-major général de l'Armée, qui n'est pas encore arrivé.

Le ministère de la Guerre, boulevard Saint-Germain, où fut arrêté le capitaine Dreyfus.

En attendant, un commandant, inconnu, le prie de bien vouloir écrire un courrier pour Boisdeffre, qu'il lui dictera car lui-même a mal au doigt et ne peut s'acquitter de cette rédaction. Dreyfus prend la plume tandis qu'au fond de la pièce trois hommes en civil l'observent : "Paris, 15 octobre 1894. Ayant le plus grand intérêt, Monsieur, à rentrer momentanément en possession des documents que je vous ai fait passer avant mon départ aux manœuvres... 1° une note sur le frein hydraulique du canon de 120 et sur la manière dont..."

"Qu'avez-vous donc capitaine ? Vous tremblez ?", s'exclame soudain l'étrange officier Paty de Clam. "J'ai froid aux doigts", répond Dreyfus. "Faites attention, c'est grave", lance durement du Paty. Dreyfus, interloqué, poursuit de son mieux. Mais, pour le commandant, c'en est assez. Il pose une main sur l'épaule du capitaine et déclare : "Au nom de la loi, je vous arrête. Vous êtes accusé du crime de haute trahison."

Sidéré, Alfred Dreyfus bafouille, s'emporte, s'indigne. Du Paty hurle l'article 76 du code pénal : "Intelligence avec les puissances étrangères... puni de mort." Un revolver apparaît sous un dossier.

"Je suis innocent. Tuez-moi si vous voulez", proteste Dreyfus. "Ce n'est pas à nous, c'est à vous de le faire", rétorque le commandant. Mais, déjà, on s'est saisi de lui, on le fouille. Le capitaine se laisse faire en criant son innocence et son amour de la patrie ; il veut savoir de quoi on l'accuse !

Du Paty le harcèle. Sans comprendre, Alfred Dreyfus lance quelques réponses mécaniques, clame

Procès du capitaine Dreyfus devant le tribunal militaire du Cherche-Midi.

son innocence. Quelques lignes, dérisoires, font office de procès-verbal. On s'empare de l'accusé qui sort en état d'arrestation du ministère de la Guerre pour être conduit à la prison militaire du Cherche-Midi et mis au secret. Fou de douleur, il se jette contre les murs de sa cellule. Seul le commandant Forzinetti, directeur de la prison, prend la mesure de son drame et tente de l'apaiser.

22 décembre 1894
38, rue du Cherche-Midi

2

Depuis midi, le tribunal militaire juge Dreyfus dans une petite salle de l'hôtel du Conseil de Guerre. Le capitaine est accusé de trahison au profit de l'Allemagne sur la foi d'un bordereau dont il nie pourtant absolument être l'auteur. Les experts en graphologie sont divisés. Aucun mobile n'apparaît clairement ; le dossier est vide.

Le 21 décembre, l'acquittement paraît certain même si l'avocat du capitaine, Maître Demange, s'inquiète des allées et venues du commandant du Paty de Clam entre le Cherche-Midi et la rue Saint-Dominique.

Le 22, après les plaidoiries, le délibéré se prolonge. La défense ignore que du Paty de Clam, au nom du ministre de la Guerre, a fait transmettre au président du tribunal, le colonel Maurel, un "dossier secret" contenant des pièces accablantes pour le capitaine. Ce fameux dossier est constitué de lettres dont l'une évoque cette "canaille de D". Il n'y a plus de doute possible pour les juges militaires qui condamnent Alfred Dreyfus à la déportation à vie.

Vers 19 heures 30, Maître Demange annonce la terrible nouvelle à son client.

La prison du Cherche-Midi, boulevard Raspail. C'est là que le capitaine attendit son procès. © Collection Viollet

5 janvier 1895

De l'École militaire à la place de Fontenoy

3

Depuis deux jours, Alfred Dreyfus sait qu'il devra subir une dégradation publique dans la grande cour de l'École militaire. Il lui faut puiser au fond de lui-même, dans l'amour de sa femme et de sa famille mais aussi de la patrie toute la force nécessaire pour affronter l'épouvantable cérémonie.

7 heures 45. Le prisonnier est soigneusement fouillé et menotté. Dans un fourgon cellulaire, encadré de deux pelotons de la garde républicaine, il quitte la prison du Cherche-Midi. Cinq minutes plus tard, le cortège arrive à l'École militaire. Alfred Dreyfus doit attendre, presque une heure, enfermé dans un réduit : "Durant ces longues minutes, je tendis toutes les forces de mon être", écrira l'officier.

Sur la place, sur les toits qui la dominent, aux fenêtres, accrochée aux grilles, la foule ne veut rien perdre de la scène : au centre de la cour, le général Darras est immobile sur son cheval. La bise est glaciale, la neige tombe à gros flocons.

À droite : Dreyfus monte dans le fourgon militaire. © DR

Ci-dessous : Le 13 janvier 1895, *Le Petit Journal* titre : "Le traître, dégradation d'Alfred Dreyfus". © DR

L'École militaire, théâtre de la dégradation publique du capitaine Dreyfus. © J. Lebar

Roulements de tambours. "Garde à vous !" À l'angle droit de la cour, entouré de quatre soldats, tête haute, Dreyfus s'avance. "Mort aux Juifs", entend-on. Il s'arrête ; l'escorte a reculé. Seul, face au général à cheval, il joint les talons.

Le greffier du Conseil de Guerre donne lecture du jugement.

"Alfred Dreyfus, vous n'êtes plus digne de porter les armes. Au nom du peuple français, nous vous dégradons", déclare Darras, debout sur ses étriers. "Soldats, on dégrade un innocent. Soldats, on déshonore un innocent. Vive la France, vive l'Armée !", hurle Dreyfus toujours droit et immobile. L'adjudant Bouxin, de la garde républicaine, s'avance et arrache les insignes militaires du capitaine, les jette à terre et les piétine. La grande crinière de son casque s'agite en tous sens.

L'officier dégradé, étranglé par l'émotion, proteste encore : "Je suis innocent !" À la grille, on couvre ses paroles de sonores : "Judas !" Le condamné se tourne alors vers la tribune de la presse : "Vous direz à la France entière que je suis innocent", mais il n'y a pas davantage de secours à attendre de ce côté-ci : "Sale Juif !" Celui dont on se plaît à dépeindre "(la) figure de race étrangère, (la) raideur impassible" (Maurice Barrès) est désespérément seul. L'ignoble "parade d'exécution" s'achève enfin. Les fanfares sonnent le clairon, les soldats défilent. Alfred Dreyfus est emmené au dépôt puis à la Santé. Pont de l'Alma, il a vu les fenêtres de son appartement alors qu'on se disperse place de Fontenoy. Les personnalités invitées regagnent leurs ministères, leurs ambassades, leurs salons. "Je me demandais ce que je faisais là, pourquoi j'étais là, il me semblait que j'étais le jouet d'une hallucination : mais hélas, mes vêtements déchirés, souillés, me rappelaient brutalement à la réalité", écrit le soir même Alfred Dreyfus à sa femme Lucie. Toute la nuit ses "sanglots ont résonné dans le vide de (sa) prison".

Le 21 février, après une incarcération d'un mois au dépôt de l'île de Ré, le capitaine Dreyfus part pour une destination inconnue. Ce sera l'île du Diable, au large de Cayenne. ■

L'armistice de 1914-1918

{ 11 novembre 1918 }

Depuis 1914, nulle victoire militaire n'a donné à aucun des belligérants l'ascendant décisif. Ni la défection italienne en 1915, ni la signature du traité de Brest-Litovsk en 1917 entre Guillaume II et Trotski ne parviennent à modifier, en Europe occidentale, le rapport des forces. Les offensives se succèdent, meurtrières, qui font et défont les positions.

Aussi, quand le président des États-Unis Wilson accepte de s'associer aux Alliés en envoyant des troupes en Europe, le quartier général allemand est très conscient de la nécessité de l'emporter avant l'engagement effectif des armées d'outre-Atlantique. D'autant qu'en mars 1918, plusieurs terribles batailles semblent donner l'avantage au Kaiser. De son côté, l'Entente a compris l'importance d'un état-major unique : en avril c'est au général Foch, partisan de l'attaque, qu'en est confiée la direction.

La confiance renaît. L'été est marqué par une succession de victoires alliées sur les fronts de la Somme et de l'Artois. Depuis la mi-août, l'Allemagne doute ; pour Ludendorff la guerre est désormais perdue.

Les signataires de l'armistice rassemblés à Rethondes. Au premier plan, le maréchal Foch.
© Rue des Archives/TAL

Dans la seconde quinzaine de septembre, tandis que Foch lance trois offensives simultanées, la foudroyante percée du général Franchet d'Esperey sur le front oriental, en Salonique, contraint la Bulgarie à demander puis à signer, le 29, un armistice avec la France. Ludendorff presse Guillaume II de demander une paix qui ne soit pas défavorable à l'Allemagne. Le 6 octobre, la France apprend qu'une demande d'armistice vient d'être adressée au président Wilson par le gouvernement impérial. Des pourparlers, publics selon les principes de la "*new diplomacy*" du président des États-Unis, mais dont sont exclues l'Angleterre et la France, s'engagent durant tout le mois d'octobre. Les Américains exigent de l'Allemagne la fin du régime impérial et la mise en œuvre d'une démocratie. Ludendorff, excédé, démissionne le 26.

La victoire totale des Alliés est proche, qui contraindra l'ennemi à la capitulation. Une ultime offensive, prévue le 15 novembre, doit permettre l'occupation de la Rhénanie et donc l'évacuation de l'Alsace-Lorraine par l'armée ennemie. Cependant, ni Foch ni Pétain ne

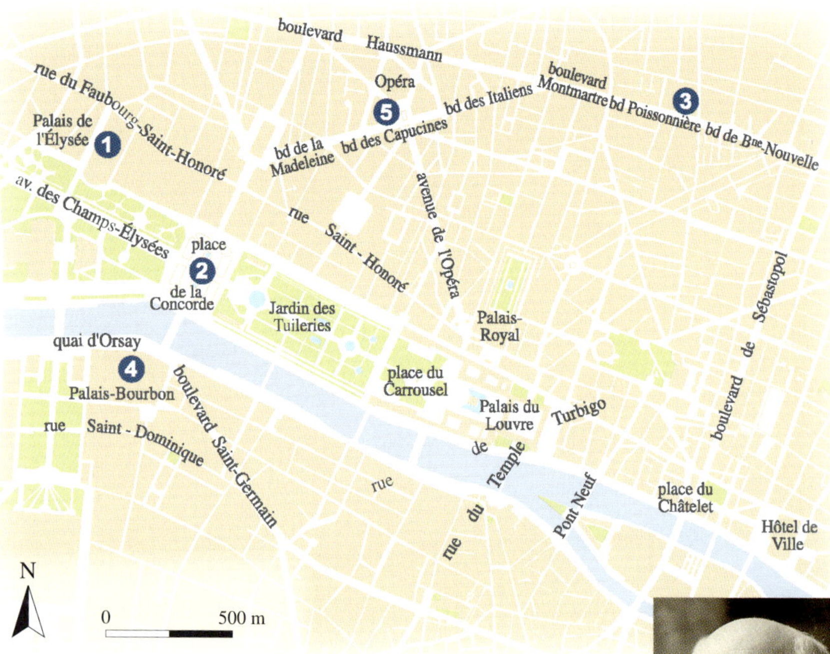

veulent sacrifier davantage de vies humaines. De leur côté, les Anglais qui n'apprécient guère l'emprise française sur le Rhin refusent un combat à outrance susceptible de galvaniser les énergies allemandes.

La donne change avec le renversement, le 9 novembre, de l'empereur Guillaume II par la révolution sociale-démocrate. L'armée allemande se plie alors à l'armistice en dépit de l'évidente dureté de ses conditions.

La veille, en forêt de Compiègne, dans la clairière de Rethondes, le train de la délégation allemande s'est arrêté non loin du wagon de la délégation alliée.

Le général Foch, assisté de Weygand, a donné lecture des conditions d'armistice qui ne sont pas négociables. Le délai de réflexion est de 72 heures.

Malgré l'occupation prévue de la Rhénanie, l'Allemagne signifie son approbation le 10. Reçus à 2 heures du matin dans le wagon de Rethondes par le maréchal Foch, les plénipotentiaires allemands n'obtiennent que des modifications de détail. À 5 heures 10, l'armistice est signé. Sur tout le front occidental, de la Belgique à la Suisse, le feu doit cesser à 11 heures.

Raymond Poincaré (1860-1934), président de la République en novembre 1918.
© Collection Viollet

11 novembre 1918
55, rue du Faubourg-Saint-Honoré

1

Le maréchal Foch sort de l'Élysée à 10 heures 30. Il vient de remettre au président de la République le texte de la convention d'armistice. Dans une demi-heure, le feu cessera sur toute l'étendue du front. Mais Paris, déjà, connaît la nouvelle. Une rumeur confuse perce les murs de l'Élysée : "Paris est en joie, en fièvre, en délire", note Raymond Poincaré. Il y a un an, le 16 novembre 1917, surmontant son hostilité personnelle, il a appelé Georges Clemenceau à la tête du Conseil et a accepté la nomination de Foch comme commandant en chef des armées alliées. Voici enfin venu le jour tant attendu.

Clemenceau arrive à présent, encore auréolé des folles acclamations qui n'ont cessé tout au long de son trajet depuis le ministère de la Guerre, rue Saint-Dominique. C'est à grand-peine que sa limousine a pu se frayer un passage dans une foule ivre de bonheur. Après le conseil des ministres restreint de 15 heures 30, le gouvernement se rendra au Palais-Bourbon où Clemenceau donnera lecture du texte de la convention. Poincaré le Lorrain étreint le cher ennemi, ce Tigre qui a rendu à la France l'Alsace et la Lorraine.

Georges Clemenceau (1841-1929), président du Conseil, dans son bureau de la rue Franklin.
© Collection Viollet

11 novembre 1918
Quartier de la Concorde

2

La vibrante escorte qui a suivi la voiture de Clemenceau jusqu'au palais de l'Élysée, se répand dans tout le quartier. La foule est de plus en plus dense sur les Champs-Élysées où l'on remarque çà et là les taches bleues des capotes des soldats en permission, assis sur les bancs. Les fenêtres s'ouvrent, on se penche, on regarde, on attend. Soudain, le bourdon de Notre-Dame retentit et les cloches de toutes les églises entrent en action les unes après les autres. Ces carillons à

Ci-dessus : Tout Paris laisse éclater sa joie place de la Concorde. Au fond, enfin débarrassée du voile de crêpe qui la recouvrait depuis 1870, la statue de Strasbourg pavoisée. Peinture de Paul Seguin-Bertault. © PMVP/Joffre

Ci-contre : La foule place de la Concorde le 11 novembre 1918. © Rue des Archives/TAL

la volée enjambent les ponts, ouvrent les écoles, les hôpitaux, les ateliers, les bureaux, les magasins : il est 11 heures et la guerre est finie.

La statue de Strasbourg qui, depuis 1871, portait le deuil de la patrie peut quitter son crêpe noir. Les bouquets s'amoncellent à ses pieds. La Concorde est noire de monde et on ne peut plus passer rue de Rivoli. Du côté du Palais-Bourbon, on s'écrase presque ; le boulevard Saint-Germain, la rue Saint-Dominique sont envahis par une foule en liesse. Vers 14 heures, les personnalités invitées à la séance de 16 heures à la Chambre tentent de se frayer un passage. Partout la *Marseillaise*. Qui, dans ce rassemblement spontané et joyeux, n'a pas perdu un frère, un fils, un père ou un époux ? Parmi ces femmes, jeunes et seules, combien sont-elles déjà veuves ?

Mais en ce jour on oublie tout. Même l'épidémie de grippe espagnole qui, à Paris, a fait des milliers de victimes. Le chagrin, la faim, le froid sont loin. Aux yeux de tous, ceux qui sont tombés se sont sacrifiés pour qu'une telle journée puisse advenir.

Le boulevard et la porte Saint-Denis, envahis par la foule. Peinture de Jean Leprince. © PMVP/Joffre

La lecture de la convention d'armistice aux députés par Clemenceau. © L'Illustration

11 novembre 1918
6, boulevard Poissonnière

3

"L'armistice est signé." Les Parisiens demeurent un instant saisis devant le siège du *Matin*, 6, boulevard Poissonnière. Le journal vient d'afficher cette confirmation qui ne laisse plus de place au doute. Depuis 10 heures 30, Paris bruissait de la victoire. On en en est sûr maintenant.

On se précipite dans tous les halls de presse des boulevards. Les ovations éclatent, se répètent, les cloches sonnent. Des soldats des armées alliées, anglais, américains, mêlent les *Over There* et le *Tipperay* à la *Marseillaise* et les chants s'envolent dans les carillons.

De toutes les bouches de métro sort un flot continu de travailleurs des banlieues à qui un congé a été accordé d'office. Les drapeaux tricolores pavoisent les fenêtres, grandes ouvertes sur la fraîcheur du jour.

11 novembre 1918
Palais-Bourbon

4

Les Parisiens massés devant le Palais-Bourbon.

16 heures. Clemenceau, porteur de la convention d'armistice, vient de pénétrer dans l'hémicycle sous les vivats. Le matin même, il a appris la mort au front de son gendre ; "Il faut être content", lui a confié sa fille.

Le Tigre demeure un instant silencieux à la tribune, comme ployant sous le faix de l'immense événement. Il se ressaisit mais l'abbé Lemire, député du Nord, département occupé depuis 1914, lance la salve des applaudissements en hommage de toute la France.

Enfin, le Père la Victoire peut prononcer ses premiers mots : "Messieurs, il n'y a qu'une manière de reconnaître de tels hommages venant des assemblées du peuple, si exagérés qu'ils puissent être, c'est de nous faire tous, les uns et les autres, à cette heure, la promesse de toujours travailler de toutes les forces de notre cœur au bien public...

Je vais vous donner lecture du texte officiel de l'armistice qui a été signé ce matin à cinq heures par le maréchal Foch, l'amiral Wemyss et les plénipotentiaires de l'Allemagne..." Ayant achevé sa lecture, il conclut : "Pour moi, il me semble qu'en cette heure terrible et magnifique mon devoir est accompli. Un mot seulement. Au nom du peuple français, au nom du gouvernement de la République française, j'envoie le salut de la France une et indivisible à l'Alsace et à la Lorraine retrouvées..."

L'ovation formidable de la salle, debout, enfiévrée, est reprise par la foule qui attend à l'extérieur la sortie du sauveur national. C'est à peine si on peut entendre au pied de la tribune les derniers mots du Tigre : "Honneur à nos grands morts qui nous ont fait cette victoire." Honneur aux vivants "qui passeront sur nos boulevards en route vers l'Arc de triomphe". Et, levant les bras au ciel, il lance : "Grâce à eux, la France, hier soldat de Dieu, aujourd'hui soldat de l'humanité, sera toujours soldat de l'idéal !" Passionnée, vibrante, la *Marseillaise* jaillit des cœurs, ponctuée des coups de canons tonnant aux Invalides.

11 novembre 1918
5 Place de l'Opéra

Un peu avant 21 heures, Georges Clemenceau entre discrètement au Grand Hôtel du 12, boulevard des Capucines et s'installe dans un salon avec balcon donnant sur la place de l'Opéra. Sa famille a voulu lui réserver une place de choix au spectacle qui promet d'être grandiose : la célèbre Marthe Chenal doit entonner la *Marseillaise* sur le perron du Palais-Garnier.

Le Grand Hôtel, à l'angle de la place de l'Opéra, où Clemenceau fut acclamé par la foule.
© S. Ageorges

La place de l'Opéra envahie par les Parisiens venus célébrer la victoire. © Branger-Viollet

La cantatrice, drapée de tricolore et coiffée d'un nœud alsacien, paraît sur une scène inondée de lumière. "Allons enfants de la Patrie, le jour de gloire est arrivé..."

Une clameur immense reprend le chant sacré. Clemenceau, fasciné, quitte le salon obscur pour le balcon. La lumière danse sur la foule, la cantatrice, les boulevards, le Grand Hôtel. On reconnaît le grand homme, appuyé sur la balustrade. Oui, c'est bien lui, c'est Clemenceau ! Même à la Chambre, tout à l'heure, même dans tout Paris ce jour-là, on n'avait assisté à de tels transports. "Cle-men-ceau ! Cle-men-ceau !" La place de l'Opéra est en transe. Pourtant, le Tigre s'est précipitamment retiré derrière l'épais rideau et ne veut plus paraître. Rien n'y fait ; avant longtemps, il sera impossible de repartir. Les Français assiègent l'entrée du Grand Hôtel, ne cessent de scander le nom adoré. La voiture du Père la Victoire semble disparaître sous les bras qui se tendent ; des mères présentent leurs enfants, recueillant avec dévotion une caresse sur un front ou une menotte.

Jusqu'à l'aube, Paris retentit de fêtes et de chants. On s'endort sur des bancs ou dans des cafés. On a gagné. ■

Le 6 février 1934

Fin 1933, *L'Action française*, journal de Charles Maurras et Maurice Pujot, révèle une affaire de corruption mettant en cause plusieurs hommes politiques. L'affaire tourne au scandale quand, le 8 janvier 1934, on annonce le suicide de l'escroc Stavisky dans des conditions qui demeurent douteuses.

Des manifestations se succèdent durant tout le mois de janvier : "À bas les voleurs ! À bas les assassins !" scandent les ligueurs de Solidarité française ou des Jeunesses patriotes menaçant d'incendier le Palais-Bourbon comme le Reichstag l'a été en Allemagne. Les Croix-de-Feu du colonel de La Rocque exigent le retour à l'ordre, sans remettre cependant en cause explicitement la République. La fièvre gagne la rue au gré des révélations d'une presse antiparlementaire, souvent monarchiste et antirépublicaine. On n'en mesure pas toujours la gravité à la Chambre même si l'opposition a beau jeu de se draper dans une dignité outragée.

Des ministres sont cependant contraints à la démission et on s'interroge sur le rôle exact du préfet de police, Jean Chiappe, soupçonné d'avoir bloqué les procédures judiciaires du dossier Stavisky. Le 28 janvier, Camille Chautemps présente la démission de son gouvernement au président de la République, Albert Lebrun, qui désigne Édouard Daladier pour lui succéder. L'homme, réputé pour son intégrité, a de l'expérience et peut susciter un sursaut politique d'union nationale. Le 31 janvier, une nouvelle équipe gouvernementale est constituée. Le ministère de l'Intérieur, particulièrement sensible, échoit à Eugène Frot, socialiste. Celui-ci maintient dans un premier temps Chiappe à son poste tout en demandant communication des rapports établis sur l'affaire Stavisky.

La tension monte. *L'Humanité* titre : "Forçons Daladier à révoquer Chiappe." Le président du Conseil semble d'ailleurs acquis à l'idée d'une nécessaire sanction du préfet de police : pourquoi ne pas profiter d'un vaste mouvement préfectoral pour donner à Chiappe le poste prestigieux, mais lointain, de Résident général du Maroc ? Tôt le matin du samedi 3 février 1934, avant la tenue du Conseil, Daladier annonce la nouvelle au téléphone à l'intéressé : le fonctionnaire proteste violemment. La rumeur se répand dans Paris bien que Daladier ait réclamé la plus grande discrétion sur le sujet. Le gouvernement s'inquiète : Fabry, ministre de la Guerre, estime que le renvoi de Chiappe, soutenu par les ligues, est une provocation directe à l'émeute et démissionne.

Le 6 février 1934, place de la Concorde : affrontement entre les ligues de droite et les forces de l'ordre. © Collection Roger-Viollet

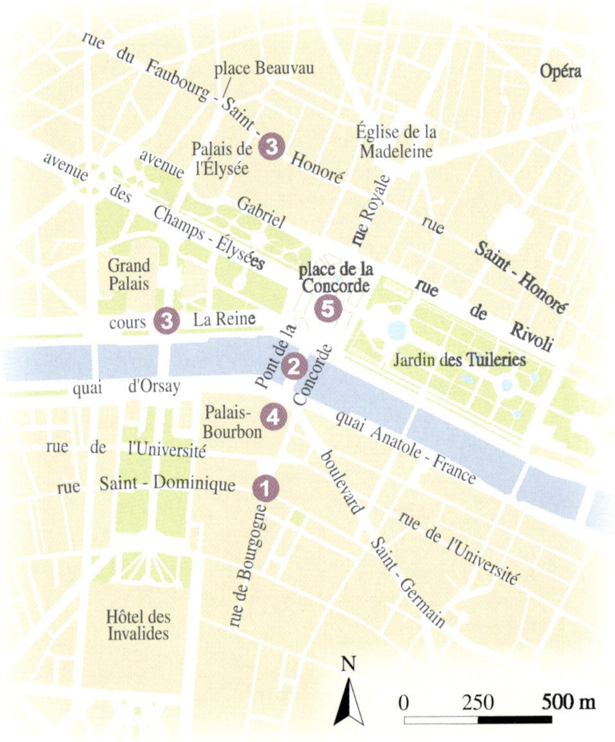

Le 4 février, la presse publie la lettre de démission datée du 3 que Jean Chiappe lui a fait parvenir. Aussitôt les Camelots du Roi, l'Action française, Solidarité française, les Jeunesses patriotes ainsi que les puissantes associations d'anciens combattants, l'Union nationale des combattants, les Croix-de-Feu, mais aussi l'Association républicaine des anciens combattants, d'obédience communiste, sonnent la mobilisation pour le lundi 6.

Tracts, affiches, articles appellent à manifester à partir de 18 heures dans différents endroits de Paris : à l'Opéra, à l'Hôtel de Ville et, surtout, à la Concorde. La démonstration de force tournera à l'émeute, laissant 16 morts dont 1 policier et plus de 2 000 blessés sur le pavé. S'il n'y a pas eu de tentative de coup d'État, le moment est grave en ce qu'il révèle de haine, de peur et de dégoût. Le 6 février montre la vitalité des ligues dont l'influence s'étendra encore considérablement et, par contrecoup, sonnera, à gauche, l'heure des grands rassemblements antifascistes.

6 février 1934

Angle des rues Saint-Dominique et de Bourgogne

1

Le colonel de La Rocque entend diriger personnellement la progression de ses deux colonnes de sectionnaires : l'une, rive droite, partira de la Madeleine et, par le pont de l'Alma, gagnera le quai d'Orsay ; l'autre, rassemblée rive gauche, rue de Varenne, manifestera aux abords immédiats de la Chambre.

Le chef des Croix-de-Feu n'a pris la tête d'aucune des manifestations pour en avoir une meilleure vue d'ensemble ; tenu informé des événements par un système d'agents de liaison et de communications téléphoniques, il est plus à même de donner ainsi ses directives.

Vers 19 heures 30, le cortège venu de la rue de Varenne atteint l'angle des rues de Bourgogne et Saint-Dominique. Le Palais-Bourbon est tout proche, mais deux camions militaires interdisent l'accès à la place. L'adjudant-chef Dumorat, commandant d'un peloton

Ci-dessous : Croix-de-Feu et Briscard, deux ligues d'anciens combattants très actives ce 6 février 1934.
© Collection Viollet

À droite : Le colonel François de La Rocque (1885-1946), chef de file des Croix-de-Feu.
© Collection Roger-Viollet

de la garde, s'avance seul vers les 2 000 manifestants. Le conseiller municipal Puymaigre l'apostrophe : "Je suis ancien colonel ; nous voulons aller à la Chambre." Derrière lui, un groupe, nerveux d'anciens combattants coiffés d'un casque ou d'un béret basque réclame qu'on laisse passer ceux qui furent au feu. Sous les injures et les menaces, Dumorat ne se départit pas de son calme et fait valoir que lui-même s'acquitte de son devoir de soldat.

La colonne s'impatiente. Puymaigre ne s'oppose que très mollement à la pression des manifestants. Le frêle barrage ne tiendra plus très longtemps ; Dumorat s'apprête à ouvrir le feu : "Je vous laisse la responsabilité de ce qui peut arriver !" Forcer le barrage et entrer dans la Chambre outrepasse cependant les consignes du colonel de La Rocque. Un membre du comité directeur des Croix-de-Feu, Rougeolle, se précipite au téléphone pour informer son chef. L'ordre tombe, formel : tourner à gauche rue Saint-Dominique et gagner l'esplanade des Invalides. Le reflux s'organise mais la colonne se scinde, se heurtant aux barrages de police. Le groupe qui a obliqué à droite se reconstitue devant l'église Sainte-Clotilde. L'autre, sur l'esplanade, est rejoint vers 20 heures 30 par les manifestants venus de la rive droite et qui se rendent quai d'Orsay.

Le Palais-Bourbon vu de la rue de Bourgogne. © J. Lebar

De l'autre côté de la Seine, devant le pont de la Concorde, on voit les lueurs d'incendie. Par l'étroit passage, laissé libre entre des camions et le parapet du quai, les Croix-de-Feu passent un à un et sont sévèrement matraqués par la police. Regagnant la rive droite à l'Alma, la colonne rejoint la Concorde dans une grande confusion. Les cortèges, grossis d'éléments incontrôlables, se mélangent les uns aux autres en bas de l'avenue des Champs-Élysées, tandis que beaucoup stigmatisent l'irrésolution de leurs chefs.

6 février 1934
Pont de la Concorde

2

Le commissaire Rottée, responsable de la sécurité du pont de la Concorde, observe les mouvements de foule sur une place de la Concorde encore ouverte à la circulation. À 18 heures, il ordonne le blocage du pont et renforce son dispositif de protection : une première ligne de cars de police disposée en chicanes doublée d'une autre de camions militaires tournés vers le Palais-Bourbon. De part et d'autre de la chaussée, les trottoirs sont laissés libres, ménageant

Les manifestants des ligues de droite se regroupent place de la Concorde.

un passage aux troupes à cheval et aux véhicules. Vingt-cinq cavaliers font face à la Concorde ; à l'arrière, une cinquantaine d'hommes en armes attendent. Le renfort des pompiers – supplétifs possibles du maintien de l'ordre – tarde. Vers la terrasse de l'Orangerie, des feux s'allument ; une barricade s'élève rue de Rivoli.

Arpentant le pont de long en large, fumant cigarette sur cigarette, le préfet de police Bonnefoy-Sibour s'inquiète de la tournure des événements. L'arrivée sur la place, aux alentours de 19 heures, des premiers cortèges d'extrême droite n'est pas propre à le rassurer. La nervosité gagne les forces de l'ordre. Les lances à eau, reliées aux bouches à incendie du boulevard Saint-Germain, sont déroulées sur le pont.

Les manifestants se font menaçants ; pavés et projectiles divers pleuvent sur la police. Une détonation retentit. Un clairon a-t-il sonné les sommations ? Quinze fois la garde charge ; quinze fois elle recule. Les pompiers mettent en action leurs lances d'incendie qui inondent l'asphalte. Les sabots des chevaux dérapent sur un revêtement devenu glissant ; les policiers, acculés contre les cars et les camions, sont en passe d'être débordés. Ni les coups ni la fusillade – l'entend-on seulement ? – ne repoussent les ligueurs. Une brèche s'ouvre et quelques émeutiers parviennent à rejoindre le quai d'Orsay. On tire à balles maintenant ; des "hirondelles", terrifiées par le déchaînement de la violence, s'acharnent sur les blessés comme sur les morts. Vinceguide, meneur de Solidarité française, se résout à l'évidence : 20 heures sont passées et la rue ne l'emportera pas. Ses troupes se replient rue Royale, dans les lueurs d'incendies de l'hôtel de la Marine. Du côté du pont, on attend l'arrivée des renforts, sans cesse retardés par les combats du Quartier latin.

6 février 1934

Du cours la Reine à la rue du Faubourg-Saint-Honoré

3

Georges Lebecq, président de l'Union nationale des combattants, a appelé ses adhérents à manifester à 20 heures cours la Reine. À l'heure dite, ils sont près de 20 000, venus à pied ou surgissant de la station de métro Clemenceau, à se rassembler devant le Grand Palais.

Des barricades sont dressées aux alentours de la Concorde. © L'Illustration

Un cortège impeccable se forme, hérissé de drapeaux tricolores. Alignés en rangs serrés, décorations épinglées au revers, les anciens poilus et les officiers entonnent la *Marseillaise.* À leur passage, le badaud salue et le gendarme frissonne. Lorsque les premières lignes atteignent la place de la Concorde, vers 20 heures 30, même le vacarme de l'émeute semble s'estomper.

On entend les accents de *La Madelon* mais aussi, dans le lointain,

Le cortège de l'UNC devant le Grand Palais. © L'Illustration

L'Internationale : tournant résolument le dos à la place de la Concorde, Jacques Duclos emmène le cortège de l'Association républicaine des anciens combattants du rond-point des Champs-Élysées à l'Étoile.

Devant le siège de l'Automobile-club, un autobus achève de se carboniser ; "À droite ! À la Chambre !", entend-on sur les trottoirs. On ne saurait toutefois confondre les soldats de la patrie avec de vulgaires émeutiers : le cordon de police s'efface respectueusement devant les porte-drapeaux qui s'engouffrent dans la rue Royale et se dirigent en bon ordre vers la Madeleine.

Mais, à hauteur du carrefour des rues Royale et du Faubourg-Saint-Honoré, tout change lorsque le commissaire Lallemand, chargé de la protection de l'Élysée, surprend un geste de la main de Georges Lebecq indiquant à ses troupes de tourner à gauche. Les responsables des trois barrages disposés aux angles des rues Boissy-d'Anglas, d'Aguessau et de l'Élysée sont aussitôt alertés. À gauche, c'est la présidence de la République ! Une partie des manifestants, se détachant du cortège qui poursuit sa route vers les boulevards, en prend la direction. Le choc

20, rue Royale, la brasserie Weber est convertie en hôpital de fortune. © L'Illustration

est rude et laisse plusieurs dizaines de blessés dont le président Lebecq. Des membres de Solidarité française, des camelots du Roi viennent prêter main forte : le premier barrage est débordé. La garde charge, sabre au clair, pourchasse rue d'Aguesseau passants et combattants tandis que les coups de matraque continuent de s'abattre indistinctement. Les manifestants ne sont plus qu'à quelques dizaines de mètres de la Présidence. Le faubourg Saint-Honoré est devenu un véritable champ de bataille, agité de mouvements confus alors que ceux qui refluent dans la panique se heurtent à d'autres qui veulent en découdre.

Des passants se portent au secours des blessés. La brasserie Weber, au 21, rue Royale, a été convertie en hôpital de fortune. Un médecin, venu du boulevard Saint-Germain, affirme avoir entendu des fusils-mitrailleurs place de la Concorde. Une infirmière et quelques volontaires se joignent à lui pour prodiguer les soins d'urgence.

Au-dehors, la troupe à cheval est parvenue à refouler les émeutiers hors du faubourg ; les abords de l'Élysée sont dégagés. Livrés à eux-mêmes, des policiers tentent de forcer les portes d'une ambulance. Le colonel Hauet s'interpose et fait valoir que les blessés de la brasserie Weber sont placés sous sa responsabilité d'officier. Seuls entrent et sortent trois garçons de service qui, pourvus de listes de médicaments, courent toutes les pharmacies de quartier.

Vers 22 heures, place de la Madeleine, badauds, blessés légers, manifestants solitaires se dispersent aux cris de "Daladier démission".

6 février 1934

Palais-Bourbon

4

Les manœuvres de l'opposition parlementaire ont prolongé les débats mais le ministère Daladier n'est pas tombé. Cependant, l'inquiétude se peint sur tous les visages. Seul Léon Blum étonne par sa maîtrise et son calme alors que les rumeurs les plus folles se répandent dans les travées : le Palais est envahi ! Il y a des morts !

Dans un salon, le président du Conseil reçoit les émissaires de La Rocque qui dénoncent les violences policières et le matraquage des anciens combattants quai d'Orsay. De leur côté, les forces de l'ordre font savoir qu'elles ont été confrontées à des individus porteurs de cannes hérissées de lames de rasoir.

Quatre députés se rendent sur les lieux.

La séance terminée, les parlementaires ne songent qu'à quitter au plus vite le Palais-Bourbon dont les salles du rez-de-chaussée ont été transformées en poste de secours. Des sorties discrètes permettent une échappée incognito alors que les abords immédiats du Palais-Bourbon sont presque pacifiés depuis le retrait des Croix-de-Feu.

Georges Lebecq, président de l'Union nationale des combattants, est blessé lors d'un affrontement avec les forces de police.
© Keystone

Cependant, au débouché de la rue de l'Université, sur l'esplanade des Invalides, le radical Édouard Herriot est reconnu par quelques excités qui entendent le jeter à la Seine. "Je veux le Rhône ! Je veux le Rhône !", aurait hurlé non sans humour le maire de Lyon alors qu'on le traîne vers le parapet. Ses collègues Campinchi et Tony Réveillon volent à son secours tandis qu'André Cornu court chercher une voiture de police sur le quai qui, aussitôt, vient sortir les députés de ce mauvais pas.

Peu à peu, les lumières de l'Assemblée nationale s'éteignent. Le président Bouisson a voulu que les émeutiers comprennent qu'il n'y a plus personne à la Chambre. Lui-même, couleur passe-muraille par l'artifice d'un chapeau et d'un foulard, il franchit sans encombre le cap difficile de la rue de Bourgogne.

La cour seule reste éclairée, où ne cessent d'échouer les blessés par centaines. Des chevaux ayant perdu leurs cavaliers galopent, affolés, en tous sens. Secouristes, pompiers, agents se croisent, affairés, anxieux, épuisés.

Daladier tient un conseil ministériel restreint alors que les informations transmises par la préfecture de police demeurent imprécises et contradictoires. Le président du Conseil recommande le sang-froid mais, en cette heure tardive, il y a déjà dix morts. À 23 heures 15, Édouard Daladier fait une déclaration à la presse : il ouvre une information contre X pour atteinte à la sûreté intérieure de l'État, en prenant soin de distinguer les anciens combattants (Croix-de-Feu, UNC...) des ligueurs d'extrême droite, coupables d'avoir voulu "tenter un coup de force contre le régime républicain".

Il est bientôt minuit. Malgré la réserve du procureur général Donat-Guigue, Édouard Daladier et Eugène Frot ordonnent l'arrestation des chefs de l'Action française (Charles Maurras, Maurice Pujot) et de Solidarité française (Vinceguide, Jacques Ditte, Jean-Jacques Renaud).

Édouard Daladier (1884-1970), président du Conseil. Les manifestants réclamèrent en vain sa démission.

Daladier annonce à la chambre l'arrestation des principaux chefs des ligues de droite.
© Keystone France

Un cortège mêlant anciens combattants et ligueurs de droite le 6 février 1934.

Nuit du 6 au 7 février 1934
Place de la Concorde

5

De la rue Royale, une foule, menaçante surgit de nouveau. Beaucoup d'anciens combattants de l'UNC, ulcérés par le sort réservé à leurs camarades lors de l'assaut du faubourg Saint-Honoré, ont quitté les boulevards pour revenir à la Concorde. Avec eux, de nombreux Camelots du roi, enragés contre la “gueuse” (entendez la République), et d'autres ligueurs.

Au pont de la Concorde, on comprend qu'il n'y a plus d'accalmie qui tienne. Les hommes sont épuisés, désorganisés, terrifiés. Dès 22 heures, retentissent des coups de feu, venus, cette fois, des manifestants lancés sur la première ligne policière. Le barrage cède. Billes d'acier, quilles de fonte, pavés, morceaux d'asphalte ne cessent de s'abattre sur le second dispositif.

La garde charge jusqu'à la rue Royale et au bas des Champs-Élysées. La foule recule puis repart à l'assaut.

Pressés contre les véhicules militaires disposés sur le pont, comme lors de la confrontation de 19 heures 30, les agents, terrifiés, tirent et matraquent.

Les abords de la Concorde au matin du 7 février 1934. © L'Illustration

On ne sait pas où se trouve le préfet Bonnefoy-Sibour. Le colonel Simon assiste, impuissant, à la résistance désespérée des forces de l'ordre. Le pont est toujours tenu à 23 heures mais la place de la Concorde n'est pas encore dégagée. Les répliques policières, ponctuelles et dispersées car elles ne sont plus coordonnées, ne peuvent venir à bout de ces émeutiers mobiles, acharnés, parfois armés.

Le colonel Simon veut en finir alors qu'une barricade s'élève entre l'obélisque et le sud de la place. Une colonne est envoyée en direction de l'avenue Gabriel, une autre vers le cours la Reine, les cavaliers étant appuyé par les gendarmes à pied. Simon lance l'assaut. Les manifestants refluent vers le rond-point des Champs-Élysées. Le colonel, qui renonce à les poursuivre jusqu'à l'Étoile, fait revenir sa troupe quai d'Orsay.

La place est vide ; à 3 heures du matin, le barrage du pont de la Concorde est levé. Avant de regagner leur domicile, les policiers se réapprovisionnent en munitions auprès des gardes mobiles : il n'y a plus une balle dans les chargeurs. Les services municipaux dégagent les débris qui encombrent les rues et entassent en contrebas des ponts les restes de barricades. ■

L'entrée de Charles de Gaulle dans Paris

{ 25 et 26 août 1944 }

À la mi-août 1944, seule compte "la progression des forces alliées vers la frontière allemande". Pour Londres comme pour l'état-major d'Eisenhower il est donc hors de question de passer par Paris. On espère surtout une capitulation de von Choltitz qui présenterait l'avantage d'éviter une insurrection aussi hasardeuse qu'incontrôlable.

Cependant, aussi bien à Alger qu'à Londres, on reste peu informé de ce qui se passe réellement dans la capitale. Dès le 15 août, Alexandre Parodi, représentant du général de Gaulle à Paris, a demandé l'intervention des armées alliées. Le 17, ni de Gaulle, ni Eisenhower ne savent encore que la ville vit depuis deux jours à l'heure de la grève générale dans une tension extrême.

Si le Comité national de la résistance, soucieux d'éviter un bain de sang, veut repousser l'échéance des combats, le Comité parisien de libération pousse aux armes. Le 19 août, sans connaître les intentions d'Eisenhower, les chefs résistants lancent un appel à l'insurrection. Le soir même, une trêve, négociée surtout par le consul de Suède, Raoul Nordling, préserve du massacre les FFI barricadés dans la préfecture de police.

Le 21, sans combats, les hommes de Vichy quittent les ministères. Revenu d'Alger le 20 août, de Gaulle est inquiet des menées communistes dans la capitale. Il sollicite le feu vert du général en chef des armées alliées pour lancer la division Leclerc vers Paris.

Le général de Gaulle descend les Champs-Élysées escorté par les chars alliés. © Collection Viollet

Au matin du 22 août, Eisenhower, enfin informé du soulèvement parisien, redoute qu'il ne provoque des rétorsions allemandes susceptibles de menacer le flanc de ses armées. Dès lors, plus question de contourner Paris ; il faudra bien aller soutenir ces insurgés. Ils "m'ont forcé la main", confiera Eisenhower.

Côté français, le concours est inespéré. À 21 heures, au sortir du PC du général Bradley, près de Laval, Leclerc peut ordonner : "Mouvement immédiat sur Paris !" Le 23, à 6 heures, la deuxième Division Blindée s'ébranle. À 18 heures, elle est rejointe à Rambouillet par de Gaulle.

Le 24, alors que la nuit tombe, elle atteint les portes de la capitale.

Les Américains savent que Hitler a donné l'ordre de tenir la ville coûte que coûte et de la détruire plutôt que de la perdre. Leclerc n'ignore rien non plus du danger, à commencer par celui qui consisterait à emprunter les grands axes ; il faut pénétrer autrement dans Paris.

À Antony, Leclerc dépêche en éclaireur le capitaine Dronne, chef d'une unité d'élite presque entièrement constituée d'anciens républicains espagnols. Guidé par un riverain, le capitaine conduit ses

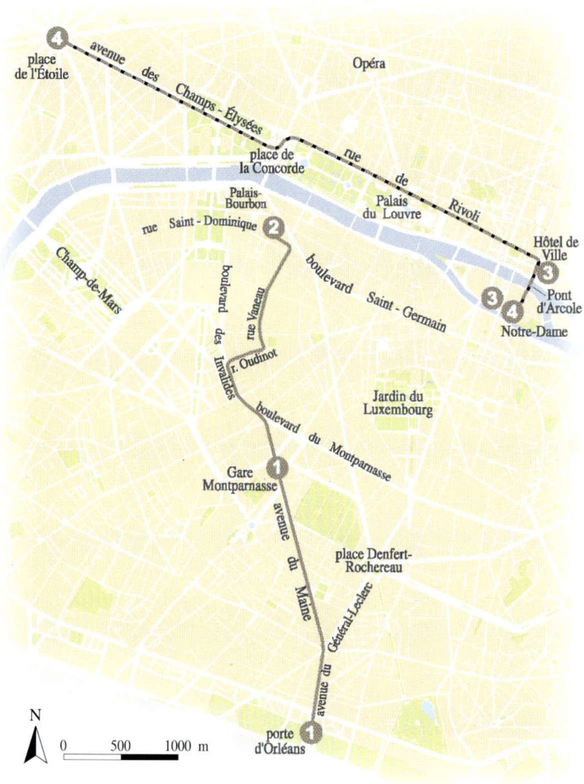

130 hommes à travers les faubourgs puis au cœur de la ville. À 21 heures 22, ses trois chars sont place de l'Hôtel de Ville. "Mission accomplie", transmet Dronne.

La *Marseillaise* éclate. Georges Bidault, président du CNR, accueille le premier libérateur dans le grand salon de l'Hôtel de Ville. "Le Président de Gaulle sera là demain", annonce le capitaine.

Au matin du 25, les trois colonnes de Dio et de Billotte par le sud, de Langlade par l'ouest, progressent dans Paris où se mêlent clameurs de joie et fracas des chenilles sur le pavé. Vers midi, une division américaine entre par la Porte d'Italie.

Malgré la capitulation de von Choltitz, fait prisonnier aux alentours de 15 heures à son PC de l'hôtel Meurice, les combats se poursuivent, meurtriers.

Assumant la totalité du pouvoir, le général de Gaulle n'entend cependant pas attendre le cessez-le-feu général pour faire son entrée dans la capitale libérée.

25 août 1944

De la porte d'Orléans à la gare Montparnasse

1

Plaque commémorant le lieu où le général de Gaulle lut l'acte de reddition du général von Choltitz. © S. Ageorges

Vers 15 heures, de Gaulle quitte le PC du château de Rambouillet. Dès Longjumeau, sa progression est ralentie par une indescriptible ferveur ; les drapeaux tricolores surgissent partout.

Une heure plus tard, le général entre dans Paris par la porte d'Orléans. Vibrante, la ville tout entière s'est massée sur son trajet, entre la Seine et la place Denfert-Rochereau. Avenue d'Orléans, une foule en liesse attend son passage. Enfin, le cortège arrive… mais tourne dans l'avenue du Maine où personne ne se trouve. De Gaulle ne traversera pas Paris ; il se dirige d'abord vers le PC du général Leclerc, gare Montparnasse. Il ne proclamera pas la République à l'Hôtel de Ville comme l'espèrent les chefs de la Résistance.

À 16 heures 15, Leclerc peut accueillir de Gaulle place de Rennes (actuelle place du 18-juin-1940). Il y a là Chaban-Delmas, son délégué militaire national, et le communiste Rol-Tanguy, chef des Forces françaises de l'intérieur d'Ile-de-France. Dans le hall, le général lit l'acte de reddition de von Choltitz et y découvre, furieux, le paraphe de Rol-Tanguy. Cependant, les combats font rage au Palais-Bourbon et à l'École militaire. L'état-major de Leclerc exige de von Choltitz un ordre écrit intimant le cessez-le-feu à ses troupes. L'ennemi doit se rendre aux officiers français qu'accompagnent les officiers allemands porteurs du message.

Après avoir embrassé son fils, enseigne de vaisseau, Charles de Gaulle se rend au ministère de la Guerre, 14, rue Saint-Dominique, quitté il y a quatre ans.

À droite : Les soldats allemands encore à Paris sont faits prisonniers et rassemblés gare Montparnasse. © Keystone

Ci-dessous : De Gaulle rencontre le colonel Rol-Tanguy, chef des FFI, à Montparnasse, le PC du général Leclerc. © Keystone

25 août 1944

14, rue Saint-Dominique

2

Ci-dessus : L'entrée du ministère de la Guerre au 14, rue Saint-Dominique. © J. Lebar

À droite : Le général de Gaulle est acclamé en libérateur par la foule, le 26 août 1944.
© Collection Roger-Viollet

Tandis qu'un officier d'ordonnance parvient à évacuer l'unité FFI établie au ministère de la Guerre, le cortège du général s'engouffre boulevard des Invalides. À hauteur de la rue Éblé, une fusillade venue des toits oblige à tourner à droite, rue Oudinot, pour rejoindre par la rue Vaneau la rue Saint-Dominique.

Il est 17 heures. Pour de Gaulle, rien n'a changé depuis 1940 : "Tout est là. Rien n'y manque, excepté l'État. Il m'appartient de l'y remettre. Aussi m'y suis-je d'abord installé." Le chef de la France combattante est immédiatement sollicité par le préfet de police, Luizet, et Alexandre Parodi, émissaire des chefs de la Résistance qui s'impatientent à l'Hôtel de Ville. De Gaulle annonce le programme de la soirée et du lendemain : vers 19 heures, il rendra hommage à la police française dans la cour de la préfecture, puis ira à l'Hôtel de Ville.

Le lendemain, à partir de 15 heures, il prendra la tête d'un défilé depuis l'Arc de triomphe jusqu'à Notre-Dame. On fait savoir à l'archevêque de Paris, le cardinal Suhard qui accueillit Pétain au seuil de la cathédrale en avril 1944, que sa présence n'est pas souhaitée.

Un tel défilé dans un Paris qui est encore loin d'être totalement sûr présente des risques que le cabinet de l'homme du 18 juin 1940 juge excessifs. Mais c'est en vain qu'on essaie de dissuader de Gaulle : il a rendez-vous avec le peuple.

25 août 1944

De la préfecture de police à l'Hôtel de Ville

3

À 19 heures, le général de Gaulle, président du gouvernement provisoire de la République française, passe en revue les unités dans la cour de la préfecture de police. Puis, à pied, il se fraye un chemin dans une foule qui exulte. Devant l'Hôtel de Ville, aux ordres du commandant Le Percq, un détachement FFI présente les armes. Marcel Flouret, préfet de la Seine, Georges Bidault, président du Comité national de la résistance et André Tollet, président du Comité parisien de libération, accueillent enfin de Gaulle au bas de l'escalier d'honneur.

Sur chaque marche, des combattants, bouleversés d'émotion et de joie, rendent les honneurs. Le général monte rapidement les marches, rappelant à Flouret la nécessité d'une épuration rapide. Dans le grand salon du premier étage, Bidault et Marrane, du Comité de libération nationale, lui adressent l'hommage des chefs de la résistance. La voix profonde du libérateur de la nation s'élève alors : "Paris ! Paris outragé ! Paris brisé ! Paris martyrisé ! mais Paris libéré ! Libéré par son peuple avec le concours des armées de la France, avec l'appui et le concours de la France tout entière, de la France qui se bat, de la seule France..."

La place de l'Hôtel-de-Ville envahie par les Parisiens attendant le discours de leur libérateur. © Keystone-France

Dans le bureau du préfet de la Seine, Georges Bidault insiste auprès du général pour qu'il proclame la République devant le peuple de Paris au nom de "la France résistante". Mais, aux yeux de de Gaulle : "La République n'a jamais cessé d'être. La France libre, la France combattante, le Comité français de libération nationale l'ont tour à tour incorporée. Vichy fut toujours et demeure nul et non avenu. Moi-même suis le président du gouvernement de la République. Pourquoi irais-je la proclamer ?"

Se dirigeant vers une fenêtre, de Gaulle se hisse sur son rebord, paraît et reste silencieux. La place, noire de monde, communie avec son héros dans un transport qui donne à chacun le sentiment de dépasser sa "pauvre vie". Enfin, le général s'en retourne au "centre", rue Saint-Dominique, laissant à l'Hôtel de Ville des chefs de la résistance bien amers que pas un mot n'ait été prononcé en hommage aux partisans, aux amis morts sous les tortures allemandes ou victimes de la police française.

26 août 1944

De l'Étoile à Notre-Dame

4

Depuis la veille, la radio annonce le grand défilé. En dépit de l'absence de métro, c'est par centaines de milliers qu'affluent de tous côtés les Parisiens pavoisés. Il n'est pas 14 heures et, déjà, l'avenue et la place sont envahies. On attend, on acclame, on chante La *Marseillaise*, on s'embrasse. Des haut-parleurs répètent inlassablement des consignes de sécurité. Au centre de la place, un barrage de chars isole l'Arc de triomphe et sa dalle sacrée.

Le défilé des chars devant l'arc de Triomphe le 26 août 1944. © L'Illustration

De Gaulle arrive à 15 heures. Il passe en revue le régiment du Tchad, fidèle d'entre les fidèles, celui de Leclerc et du serment de Koufra. L'homme du 18 juin ranime alors la flamme du soldat inconnu et dépose sur sa tombe une croix de Lorraine de glaïeuls roses. Immense ovation.

Enfin, le général se tourne vers la grande avenue. À ses côtés se trouvent Parodi et Bidault, Laniel et Le Troquer, un peu en arrière les généraux Leclerc, Juin, Koenig, Valin, les hommes du CNR, Chaban, Luizet, Flouret...

Les héros du jour : de Gaulle et Leclerc devant la cathédrale Notre-Dame. © LAPI/Roger-Viollet

Les chars d'assaut Verdelon, Limagne, Laurageais et Limousin s'ébranlent.

Une chaîne d'agents et de FFI ouvrent le cortège sur toute la largeur de l'avenue, précédant des véhicules militaires surchargés. À quelques mètres de distance, un huissier devance l'immense cohue civile et militaire de ceux qui ont porté les espoirs de la France libre. Plus grand que tous, de Gaulle salue des deux mains la marée humaine ondulant sur les trottoirs. Au rond-point des Champs-Élysées la statue de Clemenceau brandit un drapeau tricolore.

Place de la Concorde, le cortège essuie des coups de feu ; les badauds se couchent à terre tandis que Charles de Gaulle monte dans une voiture qui emprunte sans attendre la rue de Rivoli pour gagner l'Hôtel de Ville puis Notre-Dame.

Il est 16 heures 30. Monseigneur Brot accueille le général au seuil de la cathédrale. De nouveau, une fusillade éclate. De Gaulle n'entend pas presser le mouvement plus qu'il n'est nécessaire : droit comme un i, il remonte calmement la nef sous le feu des tribunes. Il convient cependant d'abréger la cérémonie : un *Magnificat* remplace dans le sifflement des balles le *Te Deum* initialement prévu. ■

Des tireurs embusqués sèment le trouble place de la Concorde le 26 août 1944. © L'Illustration

Mai 1968

Tout va bien dans la France prospère du printemps 1968 dont le général de Gaulle guide d'une main ferme la destinée. Quelle importance pourrait-on bien accorder au groupuscule de l'université de Nanterre qui occupe, le 22 mars, la salle du Conseil de l'Université ? Les rodomontades d'un jeune leader encore inconnu – Daniel Cohn-Bendit – stigmatisant l'avenir de "chiens de garde de la bourgeoisie", promis aux étudiants, ne paraissent pas menaçantes. Elles irritent néanmoins, jusqu'à l'Élysée qui ne goûte guère le spectacle ; le doyen ferme l'université le 2 mai.

"Enragés", les militants décident de tenir un meeting dès le lendemain dans la cour de la Sorbonne. Le recteur Roche demande l'intervention des forces de l'ordre ; la cour est évacuée et les manifestants sont conduits en fourgon au commissariat central de l'Opéra. Contre toute attente, des "groupuscules" comme des autorités, les étudiants, indifférents jusqu'alors, protestent aussitôt avec violence : "Libérez nos camarades !" Les brutalités policières qui s'ensuivent en cette soirée du 3 mai scandalisent les riverains et autres badauds du quartier. Tous sont solidaires des étudiants.

Alain Peyrefitte, ministre de l'Éducation nationale, a préconisé une intervention musclée afin de prévenir toute occupation durable de la Sorbonne. C'est pourtant ce qui va se produire. Le Quartier latin se transforme vite en Commune étudiante dont le baptême du feu est la première nuit des barricades du 10 mai.

Les syndicats soutiennent le mouvement de mai et appellent à une grève générale de 24 heures. Au lendemain de la manifestation unitaire du 13 mai, la grève se propage. En une semaine, la France compte 7 millions de grévistes. Le parti communiste et la CGT prennent toutefois grand soin à se démarquer des étudiants révolutionnaires ; ils reçoivent un camouflet quand les ouvriers de Billancourt refusent d'entériner les accords de Grenelle.

La situation se tend et prend un tour plus politique. L'UNEF, soucieuse de resserrer les rangs alors que l'opinion n'a guère apprécié la seconde nuit des barricades, du 24 au 25, organise avec la CFDT et le PSU un grand meeting au stade Charléty. Pierre Mendès France, chaleureusement accueilli, n'y prend toutefois pas la parole.

Le général de Gaulle laisse son premier ministre, Georges Pompidou, opposé aux mesures répressives comme le préfet de police Maurice Grimaud, gérer la crise. À la fin du mois, le général disparaît. Puis revient. Le 30, à la radio, il proclame d'une voix ferme le maintien et la défense de la République, annonce la tenue de prochaines élections législatives. Plus de cinq cent mille manifestants défilent de la Concorde à l'Étoile en criant : "Vive de Gaulle !" Les élections accordent une majorité triomphale au parti gaulliste.

Libertaire, l'esprit de mai a voulu bousculer les scléroses d'une France endormie, contestant l'aliénation de la société de consommation. Son bilan demeure néanmoins discuté.

Des slogans fleurissent sur les murs de la capitale, stigmatisant les rêves de toute une génération.

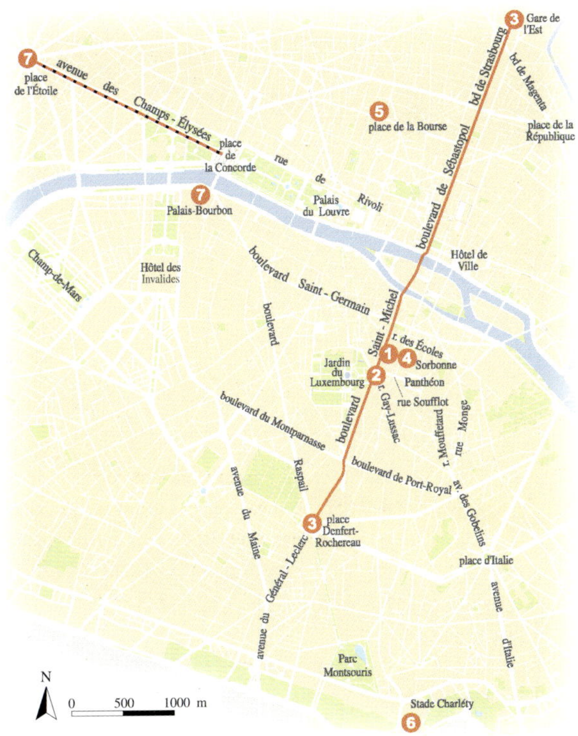

3 mai 1968
Cour de la Sorbonne

1

À midi, la cour de la vénérable Sorbonne s'est péniblement remplie de quelque deux cents militants. L'attraction du jour est incontestablement la présence du fondateur du mouvement du 22 mars, Daniel Cohn-Bendit, mais ce patronage ne suffit pas à faire du meeting de "protestation contre la répression" un succès. Assez vite, les troupes se dispersent dans les cafés des environs. On revient, cependant, un peu plus nombreux après le déjeuner – 500 peut-être. On peut bien s'amuser à lire les articles de *L'Humanité*, mais le cœur n'y est pas vraiment. La grande majorité des étudiants ne songe qu'à leurs examens ; la révolution n'est pas pour demain.

La statue de Victor Hugo, dans la cour de la Sorbonne, investie par les étudiants le 20 mai 1968.
© Keystone

Soudain, une estafette surgit, annonçant une descente des militants d'Occident. Vite, on se précipite vers les véhicules bourrés de casques, de barres de fer et de manches de pioche. Les entrées sont sécurisées et l'attente commence. À 16 heures, on est toujours sur le pied de guerre alors que les sorbonnards sortent de leurs amphis pour rejoindre les bancs du Luxembourg ou les tables du Champo. En réalité, les forces de l'ordre ont immédiatement écarté le risque d'une confrontation estudiantine en canalisant vers la place Maubert le cortège d'extrême droite.

Cependant, les cars de police, loin de s'écarter de la Sorbonne, s'en rapprochent au contraire. Aux terrasses bondées des cafés, on observe le manège : à l'évidence, les mouvements des forces de l'ordre convergent vers l'Université.

Une seconde estafette pénètre en trombe dans la cour de la Sorbonne : "Les flics !" Effectivement, une cohue noire a franchi le seuil sacré donnant sur la rue des Écoles. Elle progresse par la longue galerie, arrive dans la cour, qu'elle cerne.

Lourd silence durant lequel les adversaires se jaugent. Alain Krivine va parlementer avec le responsable et demande qu'on autorise les étudiants à repartir chez eux par le métro. Le service d'ordre laisse tomber ses barres de fer. Cohn-Bendit, Sauvageot, Bouguereau,

Weber et leurs camarades, serrés de près par des agents menaçants, se résolvent donc à quitter la cour. Passant un à un sous le porche entre deux rangées de gardes mobiles, ils sortent rue de la Sorbonne pour être embarqués dans les cars stationnés tout le long de la rue. Derrière le cordon de sécurité, la rumeur monte. Place de la Sorbonne, des groupes se forment, s'indignent, s'appellent, dénoncent. On siffle.

La police montre quelques signes de nervosité et repousse brutalement les jeunes gens. Les premiers coups s'échangent. Insultes. Matraques.

Tous les groupes se sont fondés en un seul et ce sont 1 500 manifestants qui hurlent à présent : "Libérez nos camarades !" Les premiers fourgons, sirènes hurlantes, évacuent la place. Des centaines

Les CRS opposent une forte répression aux manifestants du Quartier latin, le 6 mai 1968. © Collection Viollet

de poings tambourinent portes et carrosseries. Les slogans fusent : "À bas la répression !", "Libérez nos camarades !"

La police entend disperser rapidement ces agités. Premiers jets de gaz lacrymogènes. On recule un peu pour mieux narguer de l'autre côté du boulevard Saint-Michel, devant le lycée Saint-Louis. Vers 17 heures 30, au bas de la rue Soufflot, un jeune homme, peut-être lycéen, jette un pavé dans le pare-brise d'un fourgon de police. Le chauffeur, grièvement blessé, s'effondre. Les policiers chargent et pourchassent les étudiants qui reculent jusqu'au croisement des boulevards Saint-Michel et Saint-Germain. L'air se teinte de bleu et devient irrespirable. Des consommateurs, matraqués aussi aux terrasses des cafés, se précipitent à l'intérieur en toussant et pleurant. Cris, jets de pierre : devant le Luxembourg, une barricade s'élève.

Il est 20 heures et il faut en finir de ces harcèlements juvéniles. Les compagnies républicaines de sécurité avancent en groupes compacts, bidule au poing. Étudiants, passants et riverains écopent indistinctement des coups assénés sauvagement. Le calme revient.

Dans le grand commissariat central de l'Opéra, les chefs militants s'interrogent : qui a pu déclencher une pareille riposte alors que tous les meneurs habituels sont arrêtés ?

Le recteur Roche annonce pour sa part la fermeture *sine die* de la Sorbonne.

Au Quartier latin, les riverains se scandalisent : jamais on n'avait vu pareille violence policière contre une jeunesse désarmée. Les étudiants ont raison.

Nuit du 10 au 11 mai 1968
Quartier latin

2

Au lion de Belfort, Jacques Sauvageot annonce trois nouvelles aux quelque 12 000 manifestants rassemblés sur la place Denfert-Rochereau : la Sorbonne est réouverte, le Quartier latin libéré de la police, aucune garantie n'a été donnée concernant les étudiants arrêtés.

"Libérez nos camarades !", scande la foule en s'engageant avenue des Gobelins pour gagner la rue Monge. Mais le carrefour des boulevards Saint-Michel et Saint-Germain est isolé par les forces de police ainsi que les abords de la Sorbonne. Par les jardins de l'Observatoire, le cortège s'approche du périmètre interdit, fait halte rue

Page de droite : La rue Gay-Lussac après les manifestations des 10 et 11 mai 1968.
© Collection Roger-Viollet

Ci-contre : Les pavés s'entassent au coin de la rue Gay-Lussac et de la rue Saint-Jacques.
© Collection Viollet

Gay-Lussac (aussitôt baptisée rue du 11-mai par les étudiants) et place Edmond-Rostand. Certains veulent se lancer à l'assaut des CRS ; Daniel Cohn-Bendit préconise des groupes d'action dispersés dans les rues. "Ayez quelques pavés avec vous."

Vers 23 heures 30, le professeur Alain Touraine, inquiet de la tournure des événements, adjure le recteur de demander au ministre de l'Éducation nationale le retrait de la police du Quartier latin où, dans l'ivresse des transistors, on rêve à la révolution. À 2 heures, les plus jeunes insurgés commencent cependant à manifester quelques signes de fatigue ; de nombreux lycéens sont rentrés chez eux. Les premières sommations des forces de l'ordre se font alors entendre à l'angle de la rue Auguste-Comte, puis un peu plus bas, devant une barricade du boulevard Saint-Michel.

La charge emporte facilement la barricade du boulevard mais une deuxième, à l'angle de la rue Royer-Collard, résiste. On lance des pavés, on met le feu. Rue Gay-Lussac, des fils de fer ont été tendus à trente centimètres du sol. Dans les petites rues du quartier Mouffetard, derrière le Panthéon, les combattants, plus rares, sont acharnés. Toutes les barricades tombent cependant une à une : la dernière, rue Bainville, cède à 5 heures 25.

Il aura fallu trois heures aux CRS pour rétablir le calme. Pour les étudiants, la nuit des barricades est un succès.

13 mai 1968
De la gare de l'Est à la place Denfert-Rochereau

3

Daniel Cohn-Bendit, à la gare de l'Est le 13 mai 1968.
© Keystone

Le Premier ministre, Georges Pompidou, a hâté son retour d'Afghanistan. Dans la soirée du 11 mai, il annonce à la télévision la réouverture de la Sorbonne et laisse entendre que la justice sera clémente pour les étudiants incarcérés.

Pour tous les camarades en lutte depuis le 3 mai, la victoire est immense. Aussi l'idée de protester contre les brutalités policières se transforme-t-elle en une marche unitaire non seulement contre l'attitude répressive du gouvernement mais encore contre le pouvoir gaulliste lui-même.

Eugène Descamps, secrétaire général de la CFDT, enclin depuis le 7 mai à soutenir les revendications de la Sorbonne, prend contact avec la FEN, le SNE Sup et la CGT. Le mot d'ordre d'une grève générale de 24 heures prévue le 14 est dès lors ramené au lundi 13.

Les étudiants ont montré leur force en faisant céder de Gaulle et Pompidou. En réalité, le président de la République laisse faire son Premier ministre, avec lequel

Les ouvriers de la CGT rallient les étudiants le 13 mai, boulevard Saint-Michel. © Roger-Viollet

il est en désaccord profond. Mais peu importe, la victoire seule compte et elle vient en chantant. Elle sera d'autant plus belle si le mouvement de Mai fait coup double, l'emportant contre l'autorité institutionnelle et battant en brèche la mainmise du parti communiste sur les luttes sociales. Soutenue par la CFDT, l'UNEF peut tenir la dragée haute à la CGT et imposer ses conditions : la manifestation du 13 mai passera par le Quartier latin et Cohn-Bendit – "l'anarchiste allemand" stigmatisé par *L'Humanité* – sera en tête de cortège. Les partis politiques ne seront pas représentés comme tels : seuls leurs responsables sont conviés. Le rassemblement aura lieu place de la République, pour aller à Denfert-Rochereau en passant par Saint-Michel. Un meeting étudiant, prévu à 13 heures 30, avant le départ du cortège, se tiendra devant la gare de l'Est.

Le 13 mai, à 15 heures, les nombreuses délégations lycéennes et de l'enseignement supérieur (universités et grandes écoles) achèvent leur rassemblement "libre et populaire" où Cohn-Bendit a préconisé la création de comités d'action. Par le boulevard Magenta, les 25 000 étudiants rejoignent le cortège des syndicalistes, massés avenue de la République, à hauteur de la rue Jean-Pierre-Timbaud.

"Nous avons du mal à organiser notre groupuscule !", constate un responsable. Alain Geismar, Daniel Cohn-Bendit et Jacques Sauvageot, coude à coude, sont en tête. À l'écart, Georges Séguy affiche une mine renfrognée. Derrière, peu visibles, suivent les chefs des partis politiques : Georges Marchais, Guy Mollet, François Mitterrand, mais aussi Pierre Mendès France.

Un désordre joyeux de drapeaux rouges, puis l'immense banderole "Étudiants, Enseignants, Travailleurs, Solidaires", emmènent le défilé à travers Paris : "13 mai 58, 13 mai 68, bon anniversaire de Gaulle !", "Charlot, des sous !", clament, pragmatiques, les premiers grévistes.

Ci-dessous : Le cortège uni des étudiants et des travailleurs, sur le pont Saint-Michel le 13 mai. © J. Cuinières-Viollet

À droite : Les étudiants partent à l'assaut du lion de Belfort le 13 mai 1968, place Denfert-Rochereau. © J. Cuinières-Viollet

On va tout droit du boulevard de Strasbourg à la place Denfert-Rochereau. Comble de l'insupportable pour les dirigeants de la CGT, une halte à hauteur de la rue Gay-Lussac veut rendre hommage aux barricades étudiantes : "Nous sommes tous des groupuscules !"

Sans incident – tout le long du trajet les forces de l'ordre sont restées invisibles –, le cortège atteint le lion de Belfort. Un membre de la CGT ordonne la dispersion boulevard Arago. Mais Daniel Cohn-Bendit bondit à son tour et appelle à gagner le Champ-de-Mars pour un *sit-in* de libre parole. Un groupe se dégage du service d'ordre cégétiste et s'engouffre boulevard Raspail. D'autres étudiants préfèrent retourner au "Quartier", vers la Sorbonne.

Les étudiants réunis place de la Sorbonne.

13 mai 1968

La Sorbonne

4

"Cette université est ouverte à tout le monde, étudiants, travailleurs", annonce une affiche, surmontée d'un drapeau rouge, à l'entrée du 5, rue de la Sorbonne.

Un flot ininterrompu, joyeux et alerte, d'étudiants venus de la place Denfert-Rochereau où s'est achevée la grande manifestation, circule librement dans les couloirs. On est chez nous, on occupe la Sorbonne. Comme par enchantement, un piano est là ; on joue du jazz. Les bras engourdis de Pasteur et de Victor Hugo sont chargés de drapeaux rouges.

Dans la nuit, d'autres visiteurs, encore, viennent en curieux, s'installent, discutent. La Sorbonne est libre ! L'Assemblée générale décide de son ouverture totale, de jour comme de nuit.

"Grâce aux professeurs et aux examens, l'arrivisme commence à six ans", "on ne coopère pas avec une société en décomposition", "soyez réalistes : demandez l'impossible", "l'ennui est contre-révolutionnaire", "l'imagination prend le pouvoir" et aussi "j'ai quelque chose à dire, mais je ne sais pas quoi" : les affiches, les prises de paroles ravissent le Quartier latin, plongé dans une ivresse où le rêve se mêle au sentiment de vivre un moment d'histoire.

Nuit du 24 au 25 mai 1968
Place de la Bourse

5

L'allocution du général de Gaulle est tombée à plat. Sa proposition d'un référendum n'est pas à la hauteur des événements et peu à même de mobiliser les foules.

Les manifestants, rassemblés devant la gare de Lyon, se dispersent. Certains sont armés de gourdins. Des drapeaux noirs flottent. Rue de Lyon, trois barricades s'élèvent. Les CRS chargent, bloquent les rues.

"À la Bourse !", crie Alain Geismar. À 22 heures, le lieu ne connaît plus l'agitation du jour ; la place est déserte. Seule une grille défend le palais Brongniart. Un groupe surgit soudain qui escalade la grille, rompt la chaîne. D'autres apportent des madriers trouvés sur un chantier voisin et donnent l'assaut. Les lourdes portes cèdent.

On se précipite à l'intérieur, renversant tout ce qu'on peut bousculer. Les flammes montent. "La Bourse brûle !", annoncent les radios. La révolution serait-elle vraiment en marche ?

L'incendie du palais de la Bourse, dans la nuit du 24 mai 1968.
© Collection Viollet

27 mai 1968

Stade Charléty

6

Plus de 30 000 personnes se pressent au stade Charléty pour le meeting de l'UNEF, le 28 mai.

La nuit troublée du 24 au 25 mai a soulevé les inquiétudes. Au siège de l'UNEF, rue Soufflot, les coups de téléphone se succèdent, réprobateurs. Cette fois, tous les militants ne suivent pas et les socialistes de province s'alarment. En outre, depuis le samedi 25, le préfet de police Maurice Grimaud a interdit toute manifestation. Il s'agit pour le syndicat étudiant comme pour le PSU de reprendre la main. Un rassemblement, plutôt qu'un cortège, aurait des chances d'être accepté. Le lendemain soir, les responsables grévistes et syndicalistes s'accordent avec les émissaires gouvernementaux sur la tenue d'un meeting au stade Charléty, le lundi 27, à 18 heures.

Caricature de Charles de Gaulle, représenté en partance pour son fief de Colombey-les-Deux-Églises.

Afin d'éviter tout risque d'affrontement, il est entendu que les forces de police n'apparaîtront pas : ce sont les services d'ordre du PSU et des JCR qui assureront le bon déroulement de la manifestation jusqu'à la dislocation.

À 17 heures 30, le cortège s'ébranle à l'angle du boulevard Port-Royal et de l'avenue des Gobelins. C'est un succès pour les organisateurs de l'UNEF, du PSU et de la CFDT. Syndicalistes ou militants d'extrême gauche (à l'exclusion des maoïstes) lancent leurs slogans : “De Gaulle démission !”, “Pouvoir ouvrier !”.

Il est 18 heures. Drapeaux rouges et drapeaux noirs envahissent la pelouse du stade Charléty. On réserve une folle ovation aux ouvriers grévistes de Sud-Aviation ; anarchistes et gauchistes se mêlent dans une foule fraternelle. On chante, on crie “Séguy démission !”, “Révolution sociale !”. On sort les sandwiches. Au micro, les orateurs se succèdent, d'Alain Geismar, qui vient de quitter le SNE Sup, aux responsables CFDT en passant par André Barjonet, démissionnaire ce matin même de la CGT au profit du PSU : son triomphal “tout est possible !” met d'accord les 50 000 présents. Une gauche semble se trouver, débarrassée des apparatchiks staliniens ou des héritiers de la SFIO.

Porté par l'enthousiasme, le porte-parole de l'UNEF invite à poursuivre le mouvement jusqu'à son terme, "l'instauration du socialisme".

Pierre Mendès France est présent, en observateur attentif du mouvement, mais ne prend pas la parole et se contente de rester assis dans l'assistance.

Les militants se dispersent, forts de leur union, de leur nombre et de leur discipline ; aucun incident n'a entaché la dislocation. Les quinze contre-manifestations organisées le jour même par le parti communiste n'ont rassemblé qu'à peine 15 000 personnes. Un échec complet.

Le camouflet n'est pas moins sévère pour la CGT : Billancourt a rejeté le protocole des accords de Grenelle et continue la grève. La révolution est possible.

Manifestation gaulliste place de la Concorde le 30 mai.

30 mai 1968
Du Palais-Bourbon à l'Étoile

7

Dès le 29, Pierre Krieg, député de Paris très énervé par le plasticage de son journal *La Nation*, a tout fait pour mobiliser ses réseaux et Jacques Baumel, ancien grand résistant de *Combat*, les siens. On s'active tout en sachant qu'il serait inespéré de réunir 100 000 personnes place de la Concorde. À la Préfecture de police, le matin même du vendredi 30 mai, on ne table d'ailleurs que sur 50 000 participants. Les Parisiens, toujours privés de trains et d'essence, ont d'autres soucis à la veille d'un long week-end de Pentecôte.

À 16 heures 30, l'allocution du chef de l'État fige la France entière à proximité d'un poste de radio. Dans les couloirs de la Chambre, le temps paraît suspendu.

D'une voix ferme, de Gaulle annonce ses résolutions : "Dans les circonstances présentes, je ne me retirerai pas. J'ai un mandat du peuple. Je le remplirai."

Le Premier ministre reste en place et procédera à un remaniement du gouvernement. Le référendum est reporté à une date ultérieure mais l'Assemblée nationale est dissoute et les élections législatives doivent avoir lieu dans les délais voulus par la constitution. La République n'abdiquera pas dans une France "menacée par la dictature".

Une explosion de joie secoue la salle Colbert où sont réunis les élus de la majorité. On chante deux fois la *Marseillaise*, dans les pleurs et les congratulations. Vers 17 heures 30, Jacques Chaban-Delmas, président de la Chambre, annonce à la tribune la dissolution de l'Assemblée. Radieux, les parlementaires et les ministres gaullistes, sortent de l'hémicycle ceints de leurs écharpes tricolores et traversent le pont de la Concorde pour rejoindre le départ de la manifestation. De tous côtés, les Parisiens affluent, porteurs de drapeaux tricolores ou de bannières brodées d'associations d'anciens résistants. Les espérances de Pierre Krieg et de Jacques Baumel sont comblées, au-delà de toute mesure. La "majorité silencieuse" (500 000 ? un million ?) a décidé de faire entendre sa voix : "De Gaulle ! De Gaulle !"

La rumeur est audible jusqu'à l'Élysée. "Mon Général, c'est pour vous", glisse un aide de camp. Dans un flottement de drapeaux et un dernier hourra des Marseillaises, le raz-de-marée humain se retire lentement, mission accomplie. Ce soir, place de l'Étoile, on a exorcisé les démons de la révolution et du saut dans l'inconnu. La vie ordinaire peut reprendre son cours. ■

Les partisans du général rassemblés au pied de l'arc de Triomphe. © Roger-Viollet

P

R

S

T

V

W

Z

Bibliographie

AGULHON Maurice, *1848 ou l'apprentissage de la République 1848-1852,* Le Seuil, 1992.

BREDIN Jean-Denis, *L'Affaire,* Julliard, 1983.

DANSETTE Adrien, *Mai 1968,* Plon, 1971.

DE WARESQUIEL Emmanuel & YVERT Benoît, *Histoire de la Restauration, 1814-1830, Naissance de la France moderne,* Perrin, 1996.

DE WICQUEFORT Abraham, Présenté par MANDROU Robert, *Chronique discontinue de la Fronde, 1648-1652,* Fayard, 1978.

FIERRO Alfred, *Histoire et dictionnaire de Paris,* Robert Laffont, 1996.

GIRARD Louis, *Napoléon III,* Fayard, 1986.

GUIRAL Pierre, *Adolphe Thiers ou de la nécessité politique,* Fayard, 1986.

LACOUTURE Jean, *De Gaulle,* Le Seuil, 1984.

LE GOFF Jean-Pierre, *Mai 1968, l'héritage impossible,* La Découverte, 2002.

MARSEILLE Jacques, *Nouvelle Histoire de la France,* Dictionnaire Le Robert pour les éditions Perrin, 1999.

MONGRÉDIEN Georges, *La Journée des Dupes 10 novembre 1630,* Gallimard, 1961.

MOUSNIER Roland, *L'Assassinat d'Henri IV, 14 mai 1610,* Gallimard, 1964.

NOBÉCOURT Jacques, *Le Colonel de La Rocque ou les pièges du nationalisme chrétien,* Fayard, 1996.

PETITFILS Jean-Christian, *Louis XIV,* Fayard, 1985.

SERMAN William, *La Commune de Paris,* Fayard, 1986.

TULARD Jean, FAYARD Jean-François & FIERRO (Alfred), *Histoire et dictionnaire de la Révolution française, 1789-1799,* Robert Laffont, 1998.

TULARD Jean, *Napoléon ou le mythe du sauveur,* Fayard, 1993.

TULARD Jean, *Les révolutions de 1789 à 1851,* Fayard, 1885.

WEBER Eugen, *L'Action française,* Fayard, 1985.

Édition : Mathilde Kressmann
Direction artistique : Isabelle Chemin
Maquette : Christine Dekerle
Cartographie : Bénédicte Loisel

Avec la collaboration de Sylvie Allouche

Photogravure : Graphique Productions
Achevé d'imprimer en novembre 2004
sur les presses de l'imprimerie Mame (France)
Dépôt légal : novembre 2004

ISBN 2-84096-323-X